JN123208

行知学園教育叢書

EJU

日本留学試験対策
模擬試験問題集

物理

PHYSICS

EXAMINATION FOR JAPANESE UNIVERSITY ADMISSION FOR INTERNATIONAL STUDENTS

行知学園
COACH ACADEMY

は じ め に

　日本留学試験（EJU）は，日本の大学に入学を希望する留学生を対象とした共通試験です。大学等で必要とされる日本語力及び各科目の基礎学力を評価することを目的とし，通常，年に2回実施されます。

　日本留学試験では，基礎的な知識だけでなく，総合的な考察力や思考力が必要となります。また，限られた時間の中ですばやく正解にたどり着くための読解力や判断力も要求される上に，マークシート形式という独特な解答形式に慣れる必要もあります。このような試験で高得点をとるためには，日本留学試験と同じ形式で出題された良質の問題に数多く接することが効果的です。

　本書は，上記のような点を踏まえ，過去にEJUで出題された問題を徹底的に研究・分析した上で作成された模擬試験の問題集です。形式・内容・レベルにおいて実際の試験に近い問題が全10回分収録されており，本番さながらの試験に数多くチャレンジすることができるようになっています。また巻末には正解だけでなく解説も付いています。本書を活用することによって，学力の向上とともに，揺るぎない自信を身につけることができるでしょう。

　この『日本留学試験（EJU）対策 模擬試験問題集』シリーズ及び行知学園発行の姉妹書を徹底的に学習して，皆様が希望通りの未来に進み，ご活躍をされることを願います。

2023年8月

行知学園

本書について

　留学生のための進学予備校である行知学園は，これまで日本留学試験（EJU）に出題された問題を分析し，留学生の皆さんがどのように学習すれば試験に対応できる実践力，実力をつけられるかを研究してきました。本書は，その永年にわたる研究の成果を盛り込んだ問題集です。

▶ 日本留学試験（EJU）「物理」について

　日本留学試験は年に2回，6月と11月に実施されます。出題科目は「日本語」，「理科」（物理・化学・生物），「総合科目」及び「数学」ですが，**「総合科目」と「理科」を同時に選択することはできません。**「理科」は試験時間が80分で，解答用紙はマークシート方式です。また，**物理・化学・生物のうち2つの科目を選んで解答します。**

　「物理」の出題範囲は，日本の高等学校の学習指導要領の「物理基礎」及び「物理」の範囲に準じています。各問題は以下の出題範囲から出題されます。

Ⅰ　力学
　1．運動と力（運動の表し方，さまざまな力，力のつり合い，剛体にはたらく力のつり合い，運動の法則，摩擦や空気の抵抗を受ける運動）
　2．エネルギーと運動量（仕事と運動エネルギー，位置エネルギー，力学的エネルギーの保存，運動量と力積，衝突）
　3．さまざまな力と運動（等速円運動，慣性力，単振動，万有引力）
Ⅱ　熱
　1．熱と温度（熱と温度，物質の状態，熱と仕事）
　2．気体の性質（理想気体の状態方程式，気体分子の運動，気体の状態変化）
Ⅲ　波
　1．波（波の性質，波の伝わり方とその表し方，重ね合わせの原理とホイヘンスの原理）
　2．音（音の性質と伝わり方，発音体の振動と共振・共鳴，ドップラー効果）
　3．光（光の性質，光の伝わり方，光の回折と干渉）
Ⅳ　電気と磁気
　1．電場（静電気力，電場，電位，電場の中の物体，コンデンサー）
　2．電流（電流，直流回路，半導体）
　3．電流と磁場（磁場，電流がつくる磁場，電流が磁場から受ける力，ローレンツ力）
　4．電磁誘導と電磁波（電磁誘導の法則，自己誘導，相互誘導，交流，交流回路，電磁波）
Ⅴ　原子
　1．電子と光（電子，粒子性と波動性）
　2．原子と原子核（原子の構造，原子核，素粒子）

※最新の情報は，独立行政法人日本学生支援機構のホームページで確認してください。

▶ 本書の特長

1．日本留学試験「物理」と同様の構成で問題を作成しています。

　近年の「物理」は全19問であることが多いので，本書も同じ問題数にしています。また，各分野の問題数の配分や配列も実際の試験とほぼ同様にしています。

2．実際の「物理」の出題事項をふんだんに盛り込んでいます。

　熱と温度や点電荷にはたらく力など，実際の試験で頻出の問題は，本書においても多めに出題しています。また，誤りの選択肢にも，出題歴のある事項を数多く含めています。各選択肢の内容や正誤をくまなく吟味することで，実際の試験に対応できる実力がより養われるでしょう。

3．正解と解説

　問題を解いたら，必ず「正解」と照らし合わせましょう。正解の解答番号に「★」が付いているものは，日本留学試験の本番で，過去に何度も出題されている重要な事項です。正解するまで，何度も挑戦しましょう。また，解説をよく読んで復習し，問題の解き方や正しい知識を身につけましょう。

▶ マークシート記入上の注意点

　日本留学試験「理科（物理）」の解答用紙は，答えのマーク部分を鉛筆で塗りつぶすマークシート形式です。マークのしかたが薄いと採点されないため，必ずHBの鉛筆を使いしっかり塗り，訂正したい場合は，そのマークをプラスチック消しゴムできれいに消してください。決められた箇所以外は記入せず，シートを汚さないように注意しましょう。

▶ 本書の使い方

　本書10回分の「模擬試験問題」と「正解と解説」は，日本留学試験に必要な実力が効率よく身につく学習を可能にします。

　試験対策では，日本留学試験の形式に慣れることが重要です。試験の傾向に沿った模擬試験に，日本留学試験と同じ時間，同様の解答用紙，筆記具を用いて取り組んでみましょう。解答後は採点結果を分析し，自分の弱点である不得意な分野や足りない知識を把握してください。苦手な分野や弱い点を重点的に復習し，今後の勉強に活かすことで，より効率よく成績を上げることができます。

　上記のような流れにしたがい本書の模擬試験を繰り返し解くことで，基礎力に加え，総合的な考察力や思考力，限られた時間で解答できる読解力や判断力など，日本留学試験に必要な実力が自然と身についていきます。

目　次

模擬試験

第1回

$\boxed{\text{I}}$　次の問い A（問1），B（問2），C（問3），D（問4），E（問5），F（問6）に答えなさい。ただし，重力加速度の大きさを g とし，空気の抵抗は無視できるものとする。

A　次の図のように，密度 ρ_0 の水に，密度 ρ_1 の一様な直方体を浮かべたところ，水面より上の辺の長さが a，水面より下の辺の長さが b の位置で，直方体の上面が水平を保って静止した。

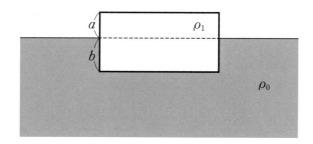

問1　a はどのように表されるか。正しいものを，次の①～④の中から一つ選びなさい。

$\boxed{\textbf{1}}$

① $\dfrac{\rho_1}{\rho_0}b$ 　　② $\dfrac{\rho_0}{\rho_1}b$ 　　③ $\left(\dfrac{\rho_1}{\rho_0}-1\right)b$ 　　④ $\left(\dfrac{\rho_0}{\rho_1}-1\right)b$

B 次の図のように，質量 M，長さ L のはしごを，水平な床の上に床と角度 θ をなすように鉛直な壁に立てかけた。はしごの重心 G ははしごの中心にあり，はしごと壁との間に摩擦はないが，はしごと床との間には摩擦力がはたらいている。質量がはしごの4倍である人が，姿勢を鉛直に保ちながらはしごを下からゆっくりと上り始め，この人がはしごの最上部まで上ってもはしごはすべらなかった。

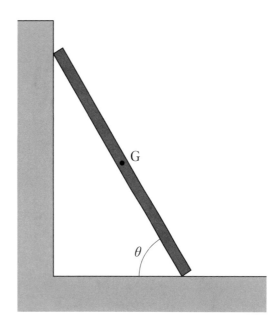

問 2 この人がはしごの最上部に上がったとき，はしごが壁から受ける垂直抗力の大きさはいくらか。正しいものを，次の①～⑥の中から一つ選びなさい。 **2**

①　$\dfrac{5Mg}{2\tan\theta}$　　　　②　$\dfrac{5Mg\tan\theta}{2}$　　　　③　$\dfrac{9Mg}{2\tan\theta}$

④　$\dfrac{9Mg\tan\theta}{2}$　　　　⑤　$\dfrac{5Mg}{\tan\theta}$　　　　⑥　$5Mg\tan\theta$

C　次の図のように，天井の点 O から軽くて伸び縮みしない長さ ℓ の糸でつるされた質量 m の小球がある。小球の最下点 B から高さ h の点 C には，大きさの無視できる釘が打ってある。小球を，糸が鉛直方向となす角が θ になる点 A から静かにはなした。

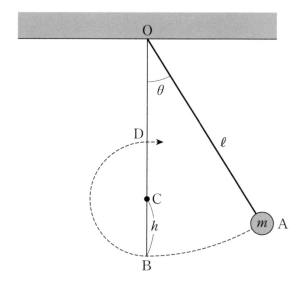

問3　小球が最下点 B を通過した後，糸がたるむことなく最高点 D を通るための，h の最大値はいくらか。最も適当なものを，次の①～⑥の中から一つ選びなさい。　**3**

①　$\dfrac{2\ell\cos\theta}{5}$

②　$\dfrac{2\ell\sin\theta}{5}$

③　$\dfrac{2\ell(1-\cos\theta)}{3}$

④　$\dfrac{2\ell(1-\sin\theta)}{3}$

⑤　$\dfrac{2\ell(1-\cos\theta)}{5}$

⑥　$\dfrac{2\ell(1-\sin\theta)}{5}$

D　次の図のように，台車A（質量m_A）と台車B（質量m_B）がなめらかな水平面の一直線上を移動している。Aの台車B側には，質量が無視できるばねが水平面と平行に取り付けられている。初め，AとBはそれぞれ速度v_A，v_B（右向きを正として，$0 < v_A < v_B$）で走っていた。Bがばねに接触してばねが縮み始め，2つの台車が最も接近した後，ばねが伸びて自然長に戻った瞬間に，Bはばねからはなれて静止した。

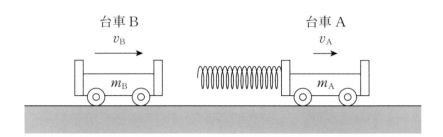

問4　$\dfrac{v_A}{v_B}$ はいくらか。正しいものを，次の①～⑥の中から一つ選びなさい。　　$\boxed{4}$

①　$\dfrac{m_A}{m_B}$　　　　②　$\dfrac{m_B}{m_A}$　　　　③　$\dfrac{m_A + m_B}{2m_A}$

④　$\dfrac{m_A - m_B}{2m_A}$　　　⑤　$\dfrac{m_A}{2m_A + m_B}$　　　⑥　$\dfrac{m_B}{2m_A + m_B}$

E　次の図のように，水平でなめらかな床の上に質量 M の物体 A を置き，その上に質量 m の物体 B を置いた。また，物体 A と壁は床と平行に質量の無視できるばね定数 k のばねでつながれている。ばねの長さを自然長にして，物体 A をばねの伸びる方向に少し引いてからはなす実験をくり返した。ただし，物体 A の上面と物体 B の下面の間の静止摩擦係数を μ とする。

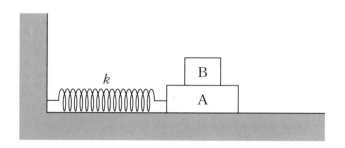

問5　物体 A をばねの自然長の位置から長さ x だけ引いたとき，物体 A の上で物体 B がすべり出さないための静止摩擦係数 μ の条件として最も適当なものを，次の①〜④の中から一つ選びなさい。　　　　　　　　　　　　　　　　　　　　　　　　　　　5

① $\dfrac{kx}{mg} \leqq \mu$

② $\dfrac{kx}{(m+M)g} \leqq \mu$

③ $\dfrac{kxM}{(m+M)mg} \leqq \mu$

④ $\dfrac{kxm}{(m+M)Mg} \leqq \mu$

F　次の図のように，半径 R の地球の表面からロケット A を初速 v_0 で発射した。

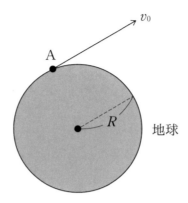

問6　ロケット A が地球に戻ることなく，無限遠に飛び去るための初速 v_0 の最小値はいくらか。最も適当なものを，次の①〜⑥の中から一つ選びなさい。　　$\boxed{6}$

①　$\sqrt{Rg}$　　②　$\sqrt{2Rg}$　　③　$2\sqrt{Rg}$　　④　Rg　　⑤　$2Rg$　　⑥　$4Rg$

次の問い **A**（**問 1**），**B**（**問 2**），**C**（**問 3**）に答えなさい。

A　次の図のような断熱容器で囲まれた熱量計に水 220 g を入れ，しばらくすると温度が 7.5℃で安定した。冷凍庫から −15.0℃の氷 110 g を取り出して熱量計に入れたところ，温度が 7.5℃から 0℃に下がって安定した。このとき，金属容器の中に氷が残っていた。そこで，電気ヒーターに電圧 100 V で 1.0 A の電流を流したところ，しばらくして温度が 0℃から上昇し始めた。氷の比熱を 2.1 J/(g·K)，水の比熱を 4.2 J/(g·K)，氷の融解熱を 330 J/g とし，実験中は，かくはん棒をゆっくりと動かして水の温度が一様に保たれており，金属容器，温度計，かくはん棒，電気ヒーターの熱容量は無視できるものとする。

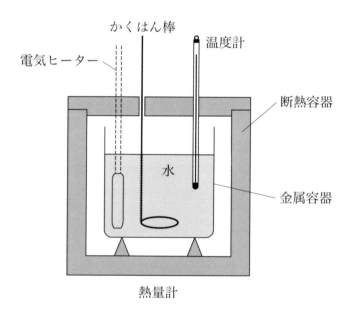

熱量計

問 1　温度が 0℃から上昇し始めるまでに電気ヒーターに電気を流していた時間は何 s か。最も適当な値を，次の①〜⑥の中から一つ選びなさい。　　**7** s

① 246　　　　　　② 262　　　　　　③ 278

④ 295　　　　　　⑤ 312　　　　　　⑥ 328

B 　図1のように，断面積 S，長さ $12L$ の熱をよく通す円筒容器を水平に置いた。円筒容器の内側はなめらかに動く質量 m の薄い仕切り板でA室とB室に分けられ，それぞれに理想気体が封入されている。初め，図1のようにA室，B室の気体の圧力はともに P_0 で，体積もともに $6SL$ であった。また，気体の温度は容器外の温度に等しかった。温度一定のまま，この円筒容器を図2のようにA室が下になるように鉛直に置き，じゅうぶん時間が経過した後，A室の長さは $3L$，B室の長さは $9L$ になった。

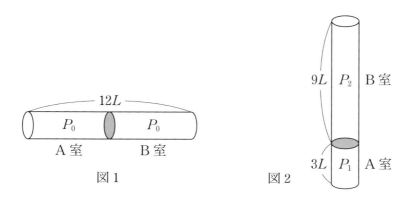

図1　　　　　　　　　　　　　図2

問2 　図2におけるA室の気体の圧力 P_1 とB室の気体の圧力 P_2，および仕切り板の質量 m はそれぞれどのように表されるか。正しい組み合わせを，次の①〜⑥の中から一つ選びなさい。　　8

	P_1	P_2	m
①	$2P_0$	$\dfrac{P_0}{3}$	$\dfrac{3P_0S}{2g}$
②	$2P_0$	$\dfrac{2P_0}{3}$	$\dfrac{3P_0S}{2g}$
③	$2P_0$	$\dfrac{2P_0}{3}$	$\dfrac{4P_0S}{3g}$
④	$3P_0$	$\dfrac{P_0}{3}$	$\dfrac{3P_0S}{2g}$
⑤	$3P_0$	$\dfrac{2P_0}{3}$	$\dfrac{3P_0S}{2g}$
⑥	$3P_0$	$\dfrac{2P_0}{3}$	$\dfrac{4P_0S}{3g}$

C　次の図のように，大気圧が P_0 の部屋で，水平な床にシリンダーが固定してあり，断面積 S のピストンにばね定数 k のばねが床と平行に取り付けられていて，ばねの他端が壁に固定されている。また，ピストンおよびシリンダーは断熱材でできており，内部には気体を加熱するヒーターがある。ばねの長さは初め自然長であった。シリンダー内部の気体に熱をゆっくり加えたところ，ばねの長さが a だけ縮んだ。ただし，気体は理想気体とする。

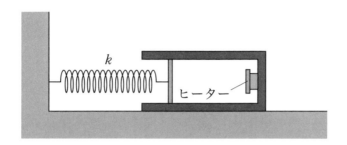

問3　シリンダー内部の気体がした仕事の大きさはどのように表されるか。正しいものを，次の①～④の中から一つ選びなさい。　　　　**9**

①　$\dfrac{P_0 Sa + ka^2}{2}$　　　②　$\dfrac{P_0 Sa + 2ka^2}{2}$　　　③　$\dfrac{2P_0 Sa + ka^2}{2}$　　　④　$P_0 Sa + ka^2$

III 次の問い **A**（**問 1**），**B**（**問 2**），**C**（**問 3**）に答えなさい。

A 次の図は，ある時刻での，x 軸上を正の向きと負の向きに進む振幅と波長がともに等しい 2 つの横波の波形を表している。ただし，波の波長を λ とし，また右向きを x 軸の正の向きとする。

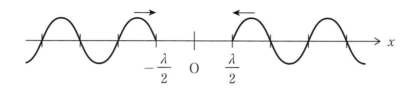

問 1 2 つの横波が図の点 O で出会ってから，1 周期経過した後の波のようすはどうなるか。最も適当なグラフを，次の①～④の中から一つ選びなさい。 **10**

①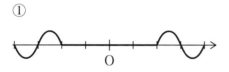

②

③

④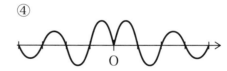

B　次の図のように，水で満たした深さ d の水槽に厚さ $\dfrac{d}{2}$ の台形状の板を沈めて，図の左側から平面波を送ったところ，深さが変わるところで波面のようすが変化した。ただし，水中での平面波の速さは水深の平方根に比例する。

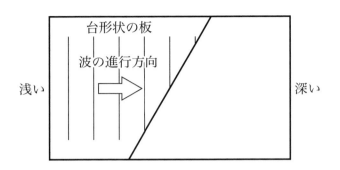

問2　波面のようすを正しく表しているものはどれか。最も適当なものを，次の①〜④の中から一つ選びなさい。ただし，図中の点線は，深さが変わる境界線と垂直である。

　11

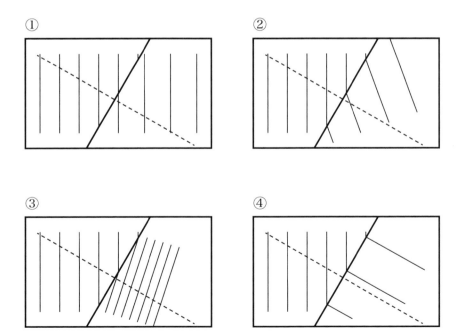

C　次の図のように，長さが 85 mm である 2 枚の平行なガラス板の一端に髪の毛を挟み，上からガラス板に垂直に波長 6.4×10^{-7} m の単色光を照射した。このようすを真上から見た観測者には明暗の縞模様が確認できた。このとき，隣り合う明るい縞の間隔は 0.40 mm であった。

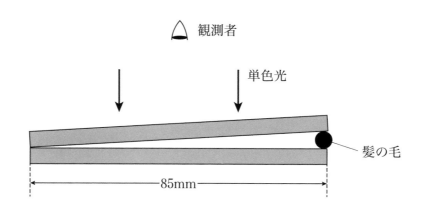

問3　髪の毛の太さは何 m か。最も適当な値を，次の①〜⑧の中から一つ選びなさい。

$\boxed{12}$ m

① 1.7×10^{-5}　② 3.4×10^{-5}　③ 6.8×10^{-5}　④ 1.4×10^{-4}

⑤ 1.7×10^{-7}　⑥ 3.4×10^{-7}　⑦ 6.8×10^{-7}　⑧ 1.4×10^{-6}

次の問い A（**問1**），B（**問2**），C（**問3**），D（**問4**），E（**問5**），F（**問6**）に答えなさい。

A 次の図のように，xy 平面上に点 A $(-d, 0)$，点 B $(3d, 0)$，点 C $(0, \sqrt{3}\,d)\,(d > 0)$ がある。点 A には電気量 $Q\,(Q > 0)$ の点電荷を，点 B には点 C においた点電荷にはたらく力の向きが y 軸方向になるような電気量の点電荷を，点 C には電気量 $2Q$ の点電荷を置いた。クーロンの法則の比例定数を k とする。

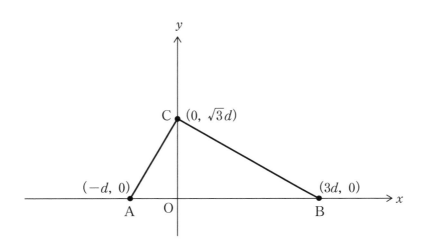

問1 点 B の点電荷の電気量はいくらか。正しいものを，次の①～⑥の中から一つ選びなさい。 ⌷13⌷

① $-\sqrt{3}\,Q$ ② $-2\sqrt{3}\,Q$ ③ $-3\sqrt{3}\,Q$

④ $\sqrt{3}\,Q$ ⑤ $2\sqrt{3}\,Q$ ⑥ $3\sqrt{3}\,Q$

B 次の図のように，極板間隔 d，面積 S の正方形の極板A，Bからなる平行板コンデンサーがある。このコンデンサーに，面積 $\dfrac{S}{5}$，厚さ $\dfrac{d}{2}$ の導体板を極板Bの上に挿入した。

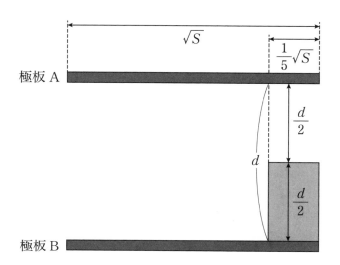

問 2 導体板を挿入した後のコンデンサーの電気容量は，挿入する前の電気容量の何倍になるか。最も適当なものを，次の①～④の中から一つ選びなさい。 $\boxed{14}$ 倍

① $\dfrac{4}{15}$ ② $\dfrac{5}{8}$ ③ $\dfrac{6}{5}$ ④ $\dfrac{9}{5}$

C　断面積 S の導線に，内部抵抗が無視できる電池を接続した。導線の長さや電池の起電力は一定で，発熱による導線の抵抗率に変化はないものとする。

問3　断面積 S を変化させたとき，導線で単位長さあたりに発生するジュール熱 Q はどのように変化するか。最も適当なグラフを，次の①〜⑤の中から一つ選びなさい。　15

①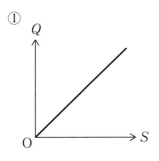

②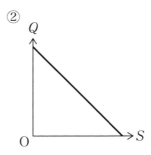

③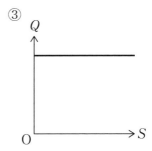

④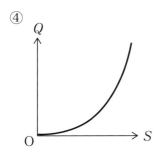

⑤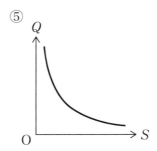

D　次の図のような，内部抵抗が無視できる起電力が120 V の直流電源 V，抵抗値が 200 Ω，50 Ω および 40 Ω の抵抗 R_1，R_2，R_3，電気容量が 10 pF のコンデンサー C，スイッチ S からなる回路がある。最初，S は開いており，C に電荷はない。

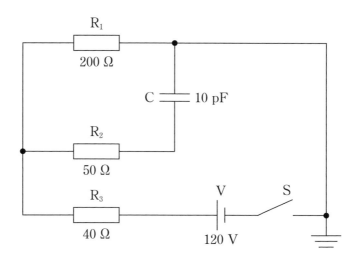

問4　S を閉じた直後に R_3 を流れる電流の大きさはいくらか。最も適当な値を，次の①〜⑥の中から一つ選びなさい。　　　　　　　　　　　　**16** A

①　0.50　　　　　　②　1.0　　　　　　③　1.3

④　1.5　　　　　　⑤　1.8　　　　　　⑥　2.0

E　次の図のように，間隔 $2L$ で 2 本の導体レール A，B が平行に並んでいる。2 本の導体レールは，水平面に対して $45°$ の角度で傾いており，上部は，抵抗値 R の抵抗と導線でつながれている。また，導体レールは，レールに対して垂直上向きで磁束密度 B の一様な磁場の中にある。ここで，導体レールの上に導体棒 C（長さ $2L$，質量 m）を置き，静かに手をはなしたところ，C は A，B とつねに垂直を保ちながらなめらかに移動した。じゅうぶん時間が経過した後，C の速さは一定となった。導体レール，導体棒および導線の抵抗は無視できるものとする。

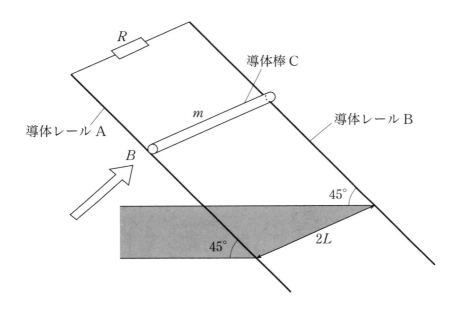

問 5　じゅうぶん時間が経過した後の導体棒 C の速さはどのように表されるか。正しいものを，次の①〜④の中から一つ選びなさい。　17

①　$\dfrac{mgR}{2\sqrt{2}\,(BL)^2}$　　②　$\dfrac{mgR}{4(BL)^2}$　　③　$\dfrac{mgR}{4\sqrt{2}\,(BL)^2}$　　④　$\dfrac{mgR}{8(BL)^2}$

F   次の図は，陰極から放出された電子の通り道の両側に平行電極板を取り付けた装置である。このとき，電子が極板と平行に直進するよう，極板間に磁束密度 B の一様な磁場を与えた。ただし，極板間の電圧は V，極板の間隔を d とする。また電子の電気量の大きさを e とする。

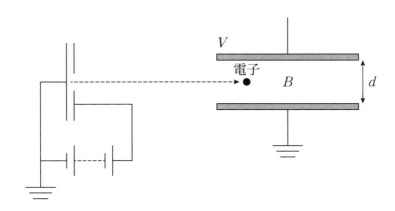

問 6   極板と平行に直進させるための電子の速さはどのように表されるか。正しいものを，次の①～⑧の中から一つ選びなさい。   **18**

① $\dfrac{V}{B}$ ② $\dfrac{B}{V}$ ③ $\dfrac{BV}{d}$ ④ $\dfrac{B}{Vd}$

⑤ $\dfrac{V}{Bd}$ ⑥ $\dfrac{e^2V}{Bd}$ ⑦ $\dfrac{eV}{Bd^2}$ ⑧ $\dfrac{eV}{B^2d}$

$\boxed{\text{V}}$　　　次の問い **A**（**問1**）に答えなさい。

A　　ウラン $^{238}_{92}\text{U}$ は α 崩壊，β 崩壊をくりかえし，この崩壊の途中でラジウム $^{226}_{88}\text{Ra}$ になり，最後に鉛 $_{82}\text{Pb}$ になって安定する。

問1　$^{238}_{92}\text{U}$ が $^{226}_{88}\text{Ra}$ になるまでに，α 崩壊，β 崩壊をそれぞれ何回おこなったか。正しい組み合わせを，次の①〜⑥の中から一つ選びなさい。　　　$\boxed{\textbf{19}}$

	α 崩壊〔回〕	β 崩壊〔回〕
①	2	3
②	2	4
③	3	2
④	3	4
⑤	4	2
⑥	4	3

模擬試験

第2回

$\boxed{\text{I}}$ 次の問い A（問1），B（問2），C（問3），D（問4），E（問5），F（問6）に答えなさい。ただし，重力加速度の大きさを g とし，空気の抵抗は無視できるものとする。

A 次の図のように，質量 M のおもりAと，傾斜角 θ の粗い斜面上にある質量 m の小物体Bが定滑車を介して糸でつながれている。ここで，小物体Bを静かにはなしたところ，Bは斜面に沿って上昇した。床に固定された斜面の動摩擦係数は μ で，糸は伸び縮みせず，斜面と平行である。また，糸と滑車の摩擦および糸の質量は無視してよい。

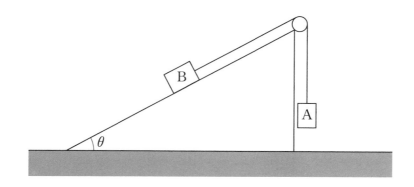

問1 斜面に沿って上昇する小物体Bの加速度の大きさはどのように表されるか。正しいものを，次の①〜④の中から一つ選びなさい。 $\boxed{1}$

① $\dfrac{M-m(\cos\theta-\mu\sin\theta)}{m+M}g$

② $\dfrac{M-m(\cos\theta+\mu\sin\theta)}{m+M}g$

③ $\dfrac{M-m(\sin\theta-\mu\cos\theta)}{m+M}g$

④ $\dfrac{M-m(\sin\theta+\mu\cos\theta)}{m+M}g$

B 　次の図のように，なめらかで水平な床の上に，傾斜角 θ でなめらかな斜面をもつ質量 M の三角台がある。この斜面上に質量 m の小物体を置き，三角台に水平左向きに大きさ F の力を加えたところ，小物体は斜面上をすべることなく，三角台と一体となって等加速度運動をした。

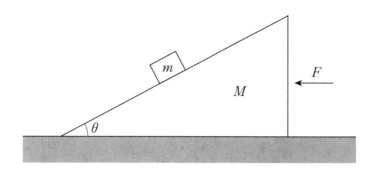

問2 　F の大きさはいくらか。正しいものを，次の①～⑥の中から一つ選びなさい。 **2**

①　$(m+M)g\cos\theta$

②　$(m+M)g\sin\theta$

③　$(m+M)g\tan\theta$

④　$\dfrac{(m+M)g}{\cos\theta}$

⑤　$\dfrac{(m+M)g}{\sin\theta}$

⑥　$\dfrac{(m+M)g}{\tan\theta}$

C　次の図のように，半径 ℓ の内面をもった半球殻状の茶碗が縁を上方水平にして固定されている。質量 m，長さ 2ℓ の一様でまっすぐな細い棒の一端を茶碗の最下点 A に置き，他端を外部に出して茶碗の縁 B に立てかけて静止させた。このとき，棒と水平面のなす角度は 45° だった。茶碗の縁 B では棒に摩擦力ははたらかないが，最下点 A では摩擦力がはたらくものとする。

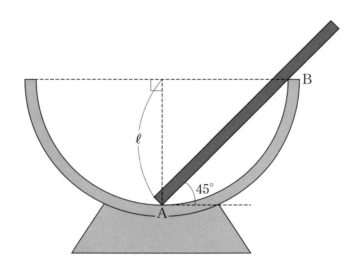

問3　最下点 A で棒にはたらく垂直抗力の大きさはどのように表されるか。正しいものを，次の①〜⑥の中から一つ選びなさい。　　　　$\boxed{3}$

① $\dfrac{\sqrt{2}}{4}mg$

② $\dfrac{1}{2}mg$

③ $\left(1-\dfrac{\sqrt{2}}{4}\right)mg$

④ $\left(\dfrac{1}{2}+\dfrac{\sqrt{2}}{8}\right)mg$

⑤ $\dfrac{\sqrt{2}}{2}mg$

⑥ $\left(\dfrac{1}{2}+\dfrac{\sqrt{2}}{4}\right)mg$

D 　次の図のように，なめらかな面 ABCD があり，水平面 AC は，点 O を通り紙面に垂直な直線を中心軸とする半径 r の半円筒面に，点 C でなめらかに接続している。水平面 AC 上には大きさの無視できる同じ質量の小球 a，b があり，点 B に静止している小球 b に，小球 a を速さ v_a で衝突させた。衝突後，小球 b は点 C を通過した後，落下せずに半円筒面の最上部の位置 D まで到達した。ただし，衝突は弾性衝突とし，小球 a，b は同じ鉛直面内で運動するものとする。

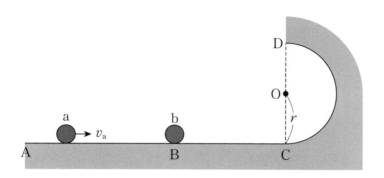

問 4　このときの v_a の条件として，最も適当なものを，次の①～⑥の中から一つ選びなさい。　　　　　　　　　　　　　　**4**

①　$v_a \geqq 2\sqrt{5gr}$　　　　②　$v_a \geqq \sqrt{5gr}$　　　　③　$v_a \geqq 2\sqrt{3gr}$

④　$v_a \geqq \sqrt{3gr}$　　　　⑤　$v_a \geqq 2\sqrt{gr}$　　　　⑥　$v_a \geqq 4\sqrt{gr}$

E なめらかな水平面上に質量 M の三角台が静止しており，その三角台に向かって質量 m の小物体が水平面上を速度 v_0 で進み，斜面を上昇した後，下降して水平面に降りた。水平面に降りたときの小物体の速度を v，三角台の速度を V とする。三角台の斜面と小物体の間に摩擦はなく，水平面と斜面はなめらかに接続しているものとする。

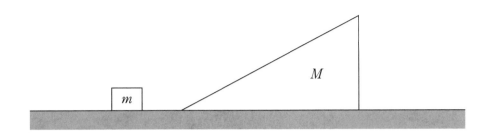

問5 v，V はそれぞれどのように表されるか。正しい組み合わせを，次の①〜④の中から一つ選びなさい。ただし，小物体が斜面を上昇する前の速度の向きを速度の正の向きとする。

5

	v	V
①	$\dfrac{2M}{m+M}v_0$	$\dfrac{m}{m+M}v_0$
②	$\dfrac{2M}{m+M}v_0$	$\dfrac{2m}{m+M}v_0$
③	$\dfrac{m-M}{m+M}v_0$	$\dfrac{m}{m+M}v_0$
④	$\dfrac{m-M}{m+M}v_0$	$\dfrac{2m}{m+M}v_0$

F 次の図のように，水平でなめらかな台に小穴を開け，軽くて伸び縮みしない糸を通してその両端に質量 m の小球と質量 M のおもりを結びつけた。台上の小球に，糸に対して垂直な方向に速度 v を与えたところ，小球は半径 r の等速円運動を続け，おもりの位置は変化しなかった。ただし，糸と小穴との間に摩擦はないものとする。

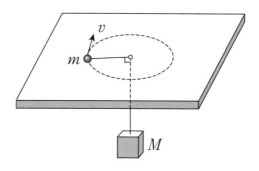

問6 この等速円運動の速度 v および周期 T はどのように表されるか。正しい組み合わせを，次の①～④の中から一つ選びなさい。 $\boxed{6}$

	①	②	③	④
速度 v	$\sqrt{gr}$	$\sqrt{gr}$	$\sqrt{\dfrac{Mgr}{m}}$	$\sqrt{\dfrac{Mgr}{m}}$
周期 T	$2\pi\sqrt{\dfrac{r}{g}}$	$2\pi\sqrt{\dfrac{mr}{Mg}}$	$2\pi\sqrt{\dfrac{r}{g}}$	$2\pi\sqrt{\dfrac{mr}{Mg}}$

Ⅱ 次の問い **A**（**問1**），**B**（**問2**），**C**（**問3**）に答えなさい。

A 100gの水を熱容量 80.0 J/K の容器に入れてから，抵抗値が 40 Ω の電熱線を容器内の水中に投入して，100 V の電圧を加えたところ，全体の温度が 12.0℃上昇した。電熱線で発生したジュール熱は，損失なく水と容器に伝わったものとする。また，水の比熱は 4.2 J/(g·K) とする。

問1 電圧を加えた時間は何sか。最も適当な値を，次の①〜⑥の中から一つ選びなさい。

$\boxed{7}$ s

① 2.1   ② 2.4   ③ 6.0

④ 21   ⑤ 24   ⑥ 60

B　次の図のように，水平な床に断熱材でできた断面積 S のシリンダーとなめらかに動くピストンが置かれている。ピストンにはばね定数 k のばねが床と平行につながれ，ばねの他端は壁に固定されている。シリンダー内には大きさが無視できるヒーターが設置されている。大気圧 p_0 の下でシリンダー内に $1\,\mathrm{mol}$ の単原子分子理想気体を封入した。ピストンの位置を図のように x 座標で表し，シリンダーの端を原点 $x = 0$ にとる。ばねが自然長でピストンが静止した状態（位置 $x = \ell$）から，気体をヒーターでゆっくりと加熱したところ，加熱終了後にピストンは位置 $x = 2\ell$ で静止した。気体定数を R とする。

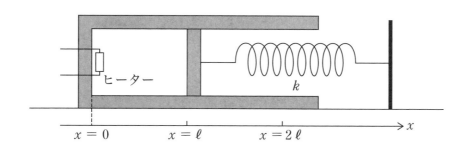

問 2　加熱終了後の気体の温度はどのように表されるか。正しいものを，次の①〜⑥の中から一つ選びなさい。　**8**

① $\dfrac{p_0 S\ell + k\ell^2}{2R}$　　② $\dfrac{2p_0 S\ell + k\ell^2}{2R}$　　③ $\dfrac{p_0 S\ell + 2k\ell^2}{2R}$

④ $\dfrac{2(p_0 S\ell + k\ell^2)}{R}$　　⑤ $\dfrac{2p_0 S\ell + k\ell^2}{R}$　　⑥ $\dfrac{p_0 S\ell + 2k\ell^2}{R}$

C なめらかに動くピストンで閉じ込められたシリンダー内の 1 mol の単原子分子理想気体を，次の $p-V$ 図のように，A → B → C → D → A と状態を変化させる。A → B，C → D は断熱変化，B → C は定圧変化，D → A は定積変化である。状態 A，B，C，D の体積をそれぞれ V_A，V_B，V_C，V_A，絶対温度をそれぞれ T_A，T_B，T_C，T_D とし，気体定数を R とする。

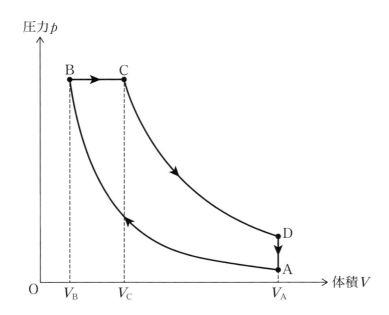

問3 $V_C = 3V_B$ のとき，この 1 サイクルの間に気体が受け取った正味の熱量は T_A，T_B，T_D を用いてどのように表されるか。正しいものを，次の①〜⑥の中から一つ選びなさい。 $\boxed{9}$

① $\dfrac{R}{4}(6T_A + 3T_B - 6T_D)$ ② $\dfrac{R}{4}(-6T_A - 3T_B + 6T_D)$

③ $\dfrac{R}{2}(3T_A + 5T_B - 3T_D)$ ④ $\dfrac{R}{2}(-3T_A - 5T_B + 3T_D)$

⑤ $\dfrac{R}{2}(3T_A + 10T_B - 3T_D)$ ⑥ $\dfrac{R}{2}(-3T_A - 10T_B + 3T_D)$

$\boxed{\text{III}}$ 次の問い **A**（**問1**），**B**（**問2**），**C**（**問3**）に答えなさい。

A　次の式は，時刻 t〔s〕での位置 x〔m〕における媒質の変位を y〔m〕としたとき，x 軸の正の向きに進む波を表している。

$$y = 2.0 \sin \pi(10t - 40x)$$

問1　この波の波長は何 m で周期は何 s か。最も適当な組み合わせを，次の①～⑧の中から一つ選びなさい。　$\boxed{10}$

	波長〔m〕	周期〔s〕
①	0.050	0.10
②	0.050	0.20
③	0.050	0.40
④	0.050	1.0
⑤	10	0.10
⑥	10	0.20
⑦	10	0.40
⑧	10	1.0

B　次の図のように，振動数 f の音を出す静止した音源 S から音波が左右に出ている。音源 S の右側にある壁は速さ v で右へ移動していて，音波は壁で反射する。音源 S の左側にいる観測者 O が音源 S に速さ v で近づいたとき，観測者 O がうなりを聞いた。ただし，v は音速 V よりもじゅうぶんに小さいものとし，観測者，壁は観測者，音源，壁を結ぶ一直線上を運動するものとする。

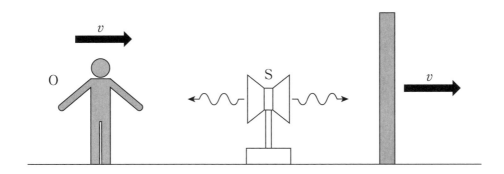

問2　観測者 O が聞いた 1 s 間あたりのうなりの回数はどのように表されるか。正しいものを，次の①〜⑥の中から一つ選びなさい。　$\boxed{\textbf{11}}$

①　$\dfrac{v}{V+v}f$

②　$\dfrac{2v}{V+v}f$

③　$\dfrac{v}{V-v}f$

④　$\dfrac{2v}{V-v}f$

⑤　$\dfrac{v}{V}f$

⑥　$\dfrac{2v}{V}f$

C 　次の図のように，厚さ d の平らな薄膜に波長 λ の単色光の平行光線を入射させる。点 A において光は屈折角 $60°$ で薄膜に入射し，点 B で反射して，点 C から D の方向へ出て行く。この光と，点 C で反射して D の方向に進む光との干渉を考える。空気の屈折率を 1，薄膜の屈折率を n（$n > 1$），m を正の整数とする。

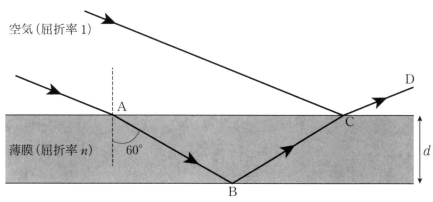

問3　2つの経路の光が強め合う条件として，最も適当なものを，次の①～⑧の中から一つ選びなさい。　**12**

①　$nd = m\lambda$
②　$nd = \dfrac{2m-1}{2}\lambda$
③　$nd = 2m\lambda$

④　$nd = (2m-1)\lambda$
⑤　$nd = \dfrac{m}{\sqrt{3}}\lambda$
⑥　$nd = \dfrac{2m-1}{2\sqrt{3}}\lambda$

⑦　$nd = \dfrac{2m}{\sqrt{3}}\lambda$
⑧　$nd = \dfrac{2m+1}{2\sqrt{3}}\lambda$

$\boxed{\text{IV}}$　次の問い A（問 1），B（問 2），C（問 3），D（問 4），E（問 5），F（問 6）に答えなさい。

A　次の図のように，表面に正電荷が一様に帯電した中空の金属球がある。

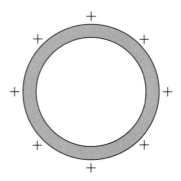

問 1　金属球の内部とそのまわりの電場を正しく表している電気力線のようすはどれか。最も適当なものを，次の①〜④の中から一つ選びなさい。　$\boxed{13}$

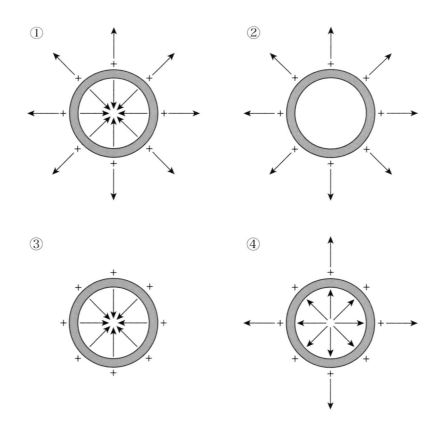

B　次の図のように，内部抵抗が無視できる起電力 10 V の電池に，抵抗値がそれぞれ 60 Ω，20 Ω の抵抗 R_1，R_2 と抵抗値のわからない抵抗 R_3 がつながれた直流回路がある。抵抗 R_2 を流れる電流の大きさを測定したところ 300 mA であった。

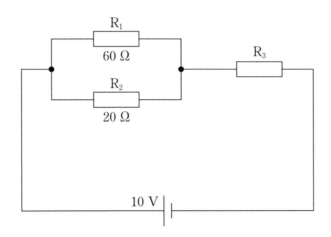

問2　R_3 で消費される電力は何 W か。最も適当な値を，次の①〜⑧の中から一つ選びなさい。　**14** W

① 0.80　　　② 1.6　　　③ 2.4　　　④ 3.2

⑤ 4.0　　　⑥ 4.8　　　⑦ 5.6　　　⑧ 6.4

C　図1のように，横幅2ℓ，奥行きL，間隔dの平行板コンデンサーがあり，スイッチにより内部抵抗の無視できる起電力Vの電池に接続することができる。最初に，コンデンサーの極板間に幅ℓ，奥行きL，厚さdの誘電体を図1のように挿入し，スイッチを閉じてコンデンサーを充電した（状態1）。次に，電池を接続したまま，図2のように，コンデンサーから誘電体を長さx（$0 < x < \ell$）だけゆっくりと引き抜いた後，固定した（状態2）。クーロンの法則の比例定数をk，真空の誘電率をε_0，誘電体の誘電率を$(1 + k)\varepsilon_0$（$k > 0$）とする。また，誘電体は摩擦なく移動でき，極板や誘電体の端での電場の乱れや回路で発生するジュール熱は無視できるものとする。

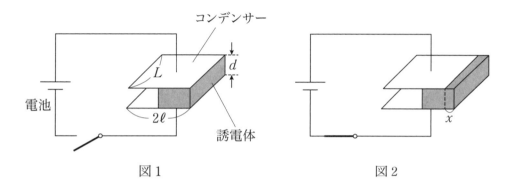

図1　　　　　　　　　　　　　　図2

問3　状態1から状態2へ変化したとき，コンデンサーに蓄えられている電荷の変化量はどのように表されるか。最も適当なものを，次の①〜④の中から一つ選びなさい。

　15

①　$\dfrac{2k\varepsilon_0 LV}{d}x$　　　②　$\dfrac{k\varepsilon_0 LV}{d}x$　　　③　$-\dfrac{2k\varepsilon_0 LV}{d}x$　　　④　$-\dfrac{k\varepsilon_0 LV}{d}x$

D　コンデンサー C，抵抗 R，内部抵抗の無視できる起電力 V の電池 E とスイッチ S を使って回路をつくった。図 1 はスイッチ S を閉じる前で，図 2 はスイッチ S を閉じてから，じゅうぶん時間が経過した後である。初め，コンデンサーには電荷が蓄えられていないものとする。

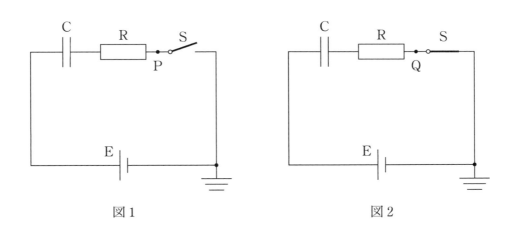

図 1　　　　　　　　　　　　　図 2

問 4　図 1 の点 P と図 2 の点 Q の電位はそれぞれどのように表されるか。正しい組み合わせを，次の①〜⑨の中から一つ選びなさい。　**16**

	点 P の電位	点 Q の電位
①	$-V$	$-V$
②	$-V$	0
③	$-V$	V
④	0	$-V$
⑤	0	0
⑥	0	V
⑦	V	$-V$
⑧	V	0
⑨	V	V

E 　次の図のように，2つの導体棒 A，B が，水平に置かれた間隔 L の平行な金属レール上に垂直を保って置かれている。また，紙面に鉛直上向きに磁束密度の大きさ B の一様な磁場が加えられている。いま，導体棒 A を右向きに一定の速さ v で運動させたところ，導体棒 B も動き出した。ただし，金属レールと導体棒 A の抵抗は考えないものとし，導体棒 B の抵抗値は R とする。また，金属レールと導体棒との間には摩擦はないものとする。

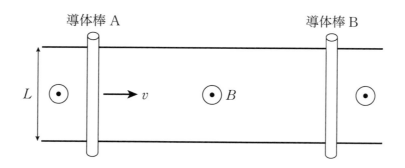

問5 　導体棒 B が動き出したとき，磁場から受ける力の大きさはどのように表されるか。また，その向きは右向きか，左向きか。正しい組み合わせを，次の①〜⑥の中から一つ選びなさい。 **17**

	力の大きさ	力の向き
①	$\dfrac{vBL}{R}$	右向き
②	$\dfrac{(vBL)^2}{R}$	右向き
③	$\dfrac{vB^2L^2}{R}$	右向き
④	$\dfrac{vBL}{R}$	左向き
⑤	$\dfrac{(vBL)^2}{R}$	左向き
⑥	$\dfrac{vB^2L^2}{R}$	左向き

F　次の図のように，断面積 S，透磁率 μ の鉄心に 2 つのコイルを巻いた。コイル A は巻き数 N，長さ L で，コイル B は巻き数 n である。コイル A に電流が流れ始めた直後，コイル B に誘導起電力が発生した。

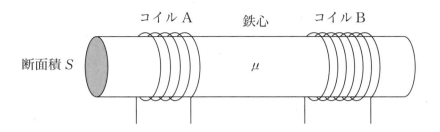

コイル A　　　鉄心　　　コイル B

断面積 S　　　　　　　　μ

問 6　2 つのコイルの間の相互インダクタンスはどのように表されるか。正しいものを，次の①〜④の中から一つ選びなさい。　　**18**

①　$\dfrac{\mu n N L}{S}$　　　　②　$\dfrac{\mu n N S}{L}$　　　　③　$\mu n N S$　　　　④　$\mu n N S L$

$\boxed{\text{V}}$		次の問い **A**（**問1**）に答えなさい。

A 図1は銀でできた陽極をもつX線管である。このX線管で発生するX線の波長λと強度の関係を測定したところ，図2のようになった。

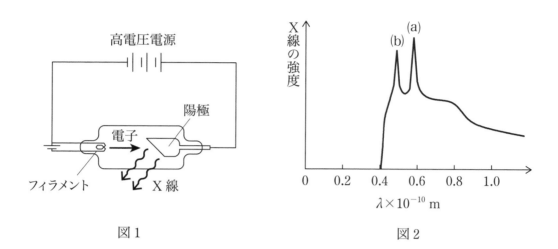

図1　　　　　　　　　　　　　　　　図2

問1 高電圧電源によって電子にかかる加速電圧を2倍にしたとき，X線の最短波長および特性X線（固有X線）のピーク(a)，(b)の波長はどうなるか。正しい組み合わせを次の①～⑨の中から一つ選びなさい。 $\boxed{19}$

	X線の最短波長	特性X線のピーク(a)，(b)の波長
①	$\dfrac{1}{2}$ になる	$\dfrac{1}{2}$ になる
②	$\dfrac{1}{2}$ になる	変化しない
③	$\dfrac{1}{2}$ になる	2倍になる
④	変化しない	$\dfrac{1}{2}$ になる
⑤	変化しない	変化しない
⑥	変化しない	2倍になる
⑦	2倍になる	$\dfrac{1}{2}$ になる
⑧	2倍になる	変化しない
⑨	2倍になる	2倍になる

模擬試験

第3回

$\boxed{\text{I}}$ 次の問い A（問1），B（問2），C（問3），D（問4），E（問5），F（問6）に答えなさい。ただし，重力加速度の大きさを g とし，空気の抵抗は無視できるものとする。

A 次の図のように，質量 m のおもり A と質量 M（$M>m$）のおもり B を軽くて伸び縮みしない糸でつなぎ，なめらかに回転する軽い定滑車にかけ，動き出さないように手で固定した。このとき，床からおもり B の下端までの距離を ℓ とする。静かに手をはなすと B は落下し，床に衝突するまでの時間は t だった。

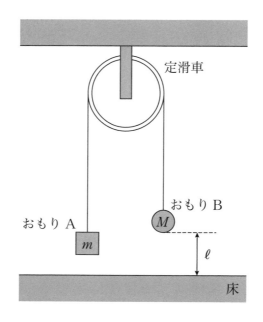

問1 重力加速度の大きさはどのように表されるか。正しいものを，次の①〜⑧の中から一つ選びなさい。　$\boxed{1}$

① $\dfrac{2(M+m)\ell}{(M-m)t}$　　② $\dfrac{(M+m)\ell}{(M-m)t}$　　③ $\dfrac{2(M-m)\ell}{(M+m)t}$　　④ $\dfrac{(M-m)\ell}{(M+m)t}$

⑤ $\dfrac{2(M+m)\ell}{(M-m)t^2}$　　⑥ $\dfrac{(M+m)\ell}{(M-m)t^2}$　　⑦ $\dfrac{2(M-m)\ell}{(M+m)t^2}$　　⑧ $\dfrac{(M-m)\ell}{(M+m)t^2}$

B　次の図のように，一辺の長さ 3ℓ の一様な厚さの正方形の板から，一辺の長さ ℓ の正方形を切り取って板 ABCDEF をつくった。この板の頂点 B を原点 O にして，辺 BA が正の y 軸に，辺 BC が正の x 軸になるような xy 座標を考える。

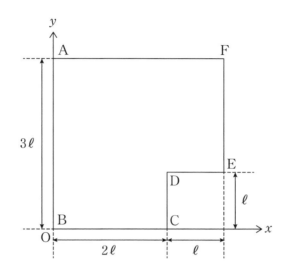

問2　板 ABCDEF の重心の座標 $(x,\ y)$ はどのように表されるか。正しいものを，次の①〜⑥の中から一つ選びなさい。　**2**

① $\left(\dfrac{7}{6}\ell,\ \dfrac{11}{6}\ell\right)$　　　② $\left(\dfrac{5}{4}\ell,\ \dfrac{7}{4}\ell\right)$　　　③ $\left(\dfrac{11}{8}\ell,\ \dfrac{11}{8}\ell\right)$

④ $\left(\dfrac{11}{8}\ell,\ \dfrac{13}{8}\ell\right)$　　　⑤ $\left(\dfrac{4}{3}\ell,\ \dfrac{8}{3}\ell\right)$　　　⑥ $\left(\dfrac{4}{3}\ell,\ \dfrac{4}{3}\ell\right)$

C　次の図のように，水平でなめらかな床の上に置かれた質量 M の板の上に，質量 m の物体がのせられて静止している。板の右端に取り付けられた軽くて伸び縮みしないひもを水平右向きに一定の大きさの力 F で引っ張ると，物体が板の上をすべり始めた。その時刻を $t = 0$ とする。時刻 $t = t_0$ にひもを引っ張るのをやめると，時刻 $t = t_1$ 以降，板は等速直線運動をした。ただし，物体と板との間には摩擦があるものとし，板はじゅうぶんに長く，物体が板から落ちることはないものとする。

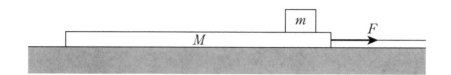

問 3　板の速度 V は時刻 t に対してどのように変化するか。最も適当なグラフを，次の①〜⑥の中から一つ選びなさい。ただし，速度は水平右向きを正とする。　$\boxed{3}$

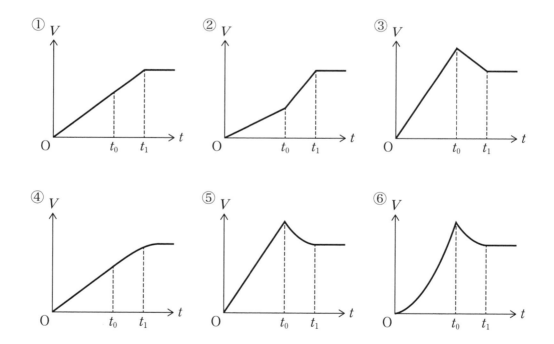

D 　図1は，水平でなめらかな床の上を運動する質量 m の小球が，床に対して垂直でなめらかな壁に衝突してはね返ったようすを上から見た図である。小球は速さ $\sqrt{2}\,v$ で壁に対して 45° の向きから衝突し，衝突後の速さは $\frac{5}{4}v$ であった。小球が壁に衝突した際に壁から受ける力 F（図1の上向きを正とする）を測定したところ，壁に最初に接触した時刻を $t = 0$ とすると，図2のように変化し，時刻 $t = 3T$ で小球が壁からはなれた。

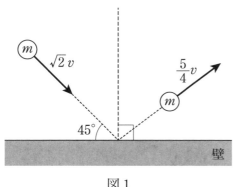

図1

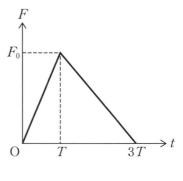

図2

問4 　F の最大値 F_0 はどのように表されるか。正しいものを，次の①〜⑥の中から一つ選びなさい。　　　　　　　　 **4**

① $\dfrac{5mv}{12T}$　　　　　　② $\dfrac{7mv}{12T}$　　　　　　③ $\dfrac{5mv}{6T}$

④ $\dfrac{7mv}{6T}$　　　　　　⑤ $\dfrac{5mv}{3T}$　　　　　　⑥ $\dfrac{7mv}{3T}$

E　粗い面をした水平な回転台があり，この回転台に自然長 0.10 m，ばね定数 40 N/m のばねの一端を回転台の中心 O に取り付け，他端に質量 0.50 kg の小球 A を取り付けて回転台の上に置いた。次の図のように，回転台を角速度 ω で回転させたところ，ばねの伸びが 0.15 m の状態で，小球 A は回転台上をすべらないで等速円運動した。この状態から ω を徐々に減少させたところ，ω が 6.0 rad/s より小さくなった瞬間に，小球 A は中心 O に向かってすべり始めた。ただし，重力加速度の大きさを 9.8 m/s² とする。

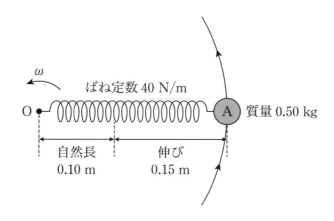

問 5　小球 A と回転台の面との間の静止摩擦係数はいくらか。最も適当な値を，次の①〜⑥の中から一つ選びなさい。　　　　　　　　　　　　　5

①　0.15　　　　　　②　0.23　　　　　　③　0.31

④　0.39　　　　　　⑤　0.46　　　　　　⑥　0.54

F　次の図のように，電車が水平右向きに大きさ α の加速度で等加速度直線運動をしている。電車内の水平な床の上に傾きが θ の粗い斜面が固定され，その上に質量 m の物体がのっている。物体は斜面上をすべるだけで転がることはなく，電車が加速していないときは，物体は斜面上で静止しているものとする。

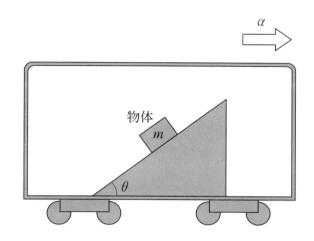

問6　物体が斜面から浮き上がらないために必要な加速度の大きさ α の条件として，最も適当なものを，次の①～⑥の中から一つ選びなさい。　$\boxed{6}$

①　$\alpha \leqq g \sin\theta$　　　　②　$\alpha \leqq g \cos\theta$　　　　③　$\alpha \leqq g \tan\theta$

④　$\alpha \leqq \dfrac{g}{\sin\theta}$　　　　⑤　$\alpha \leqq \dfrac{g}{\cos\theta}$　　　　⑥　$\alpha \leqq \dfrac{g}{\tan\theta}$

$\boxed{\text{II}}$　次の問い A（**問1**），B（**問2**），C（**問3**）に答えなさい。

A　次の図のように，周囲が断熱材で囲まれた熱量計に，4.0×10^2 g の水を入れると，全体の温度が 26 ℃になった。この中に，80 ℃で質量 4.0×10^2 g の金属球を入れ，静かにかき混ぜたところ，全体の温度が 30 ℃になった。ただし，銅製容器の熱容量を 320 J/K，水の比熱を 4.2 J/(g・K) とし，温度計やかくはん棒の熱容量は無視できるものとする。

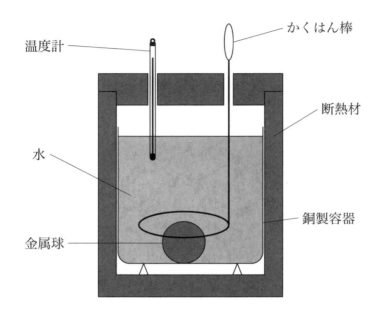

問1　金属球の比熱はいくらか。最も適当な値を，次の①～⑥の中から一つ選びなさい。

$\boxed{7}$ J/(g・K)

①　0.38　　　　　②　0.40　　　　　③　0.42

④　0.44　　　　　⑤　0.46　　　　　⑥　0.48

B 　図1のように，内径の一様な細いガラス管の一端を閉じ，空気をためてから密度ρの水銀を入れ，水平な台の上に横に倒して放置したところ，水銀柱の長さはL，空気柱の長さはℓ_0になった。次に，図2のように，ガラス管をゆっくり起こし台に垂直に立てたところ，水銀柱の長さは変わらず，空気柱の長さが$\dfrac{8}{9}\ell_0$になった。ただし，大気の温度は一定，大気圧をp_0とし，ガラス管は熱をよく通すものとする。また，空気は理想気体とみなし，水銀の蒸気圧は無視できるものとする。

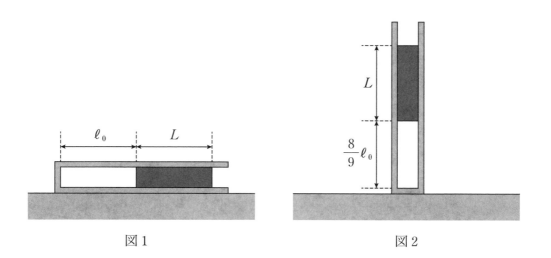

図1　　　　　　　　　　　図2

問2　Lはどのように表されるか。正しいものを，次の①〜⑥の中から一つ選びなさい。

8

① $\dfrac{p_0}{9\rho g}$　　　　② $\dfrac{p_0}{8\rho g}$　　　　③ $\dfrac{p_0}{6\rho g}$

④ $\dfrac{p_0}{4\rho g}$　　　　⑤ $\dfrac{3p_0}{8\rho g}$　　　　⑥ $\dfrac{p_0}{3\rho g}$

C　次の図のように，一定量の理想気体を 2 通りの過程，(I) A → C → E → B，(II) A → D → E → B で状態 A から状態 B へ変化させた。ただし，A → D，C → E，E → B は定積変化，A → C，D → E は定圧変化である。過程(I)，(II)において，気体が吸収した熱量をそれぞれ Q_1，Q_2 とする。

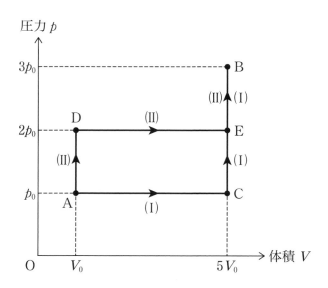

問 3　Q_1，Q_2 の大小関係として正しいものを，次の①～③の中から一つ選びなさい。　**9**

①　$Q_1 < Q_2$ 　　　　　②　$Q_1 > Q_2$ 　　　　　③　$Q_1 = Q_2$

III 次の問い **A**（**問1**），**B**（**問2**），**C**（**問3**）に答えなさい。

A　次の図のように，振動数 5.0 Hz の水面波が，媒質 I の領域から境界面で屈折して媒質 II の領域に伝わった。図の太い実線は波面を表しており，波面が境界面となす角度は屈折により 30° から 45° に変化した。また，媒質 I での波長は 6.0 cm であった。

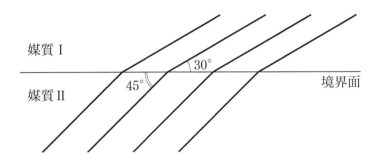

問1　媒質 II における水面波の速さは何 cm/s か。最も適当な値を，次の①～⑥の中から一つ選びなさい。　　　　　　　　　　　　　　　　　　　 **10** cm/s

①　15　　　　　②　21　　　　　③　42　　　　　④　45　　　　　⑤　52　　　　　⑥　60

B　次の図のように，音波をよく反射する鉛直な壁がある。一定の速さ u で壁に近づいてきた列車の先頭がある地点を通過した瞬間，先頭にある警笛から振動数 f_0 の音が鳴り始めた。しばらくして，客車中にいる観測者には，警笛から直接聞こえる音と，壁から反射してきた音によってうなりが聞こえた。ただし，音速を V（$V > u$）とし，観測者の位置は警笛の位置と一致するものとする。ただし，風の影響は考えないものとする。

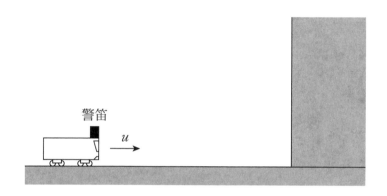

警笛

u

問2　観測者に聞こえた1秒間あたりのうなりの回数はどのように表されるか。正しいものを，次の①～⑥の中から一つ選びなさい。　**11**

①　$\dfrac{u}{V-u}f_0$　　　　　②　$\dfrac{2u}{V-u}f_0$　　　　　③　$\dfrac{u}{V+u}f_0$

④　$\dfrac{2u}{V+u}f_0$　　　　　⑤　$\dfrac{uV}{V^2-u^2}f_0$　　　　　⑥　$\dfrac{2uV}{V^2-u^2}f_0$

C　次の図のように，波長 λ の単色光を間隔 d ごとに溝が刻まれているガラス板に垂直に入射させたところ，じゅうぶんにはなれたスクリーン上に明暗の縞模様が観察された。ここで，入射光をまっすぐに延長させスクリーンと垂直に交わる線と，点Pに進む光がなす角を θ とする。点Pに進む光は平行光線とみなせるので，この光が強め合う条件式は d $\boxed{\text{A}}$ $= m\lambda$ $(m = 0,~1,~2\cdots)$ になる。また，$\lambda = 4.3\times10^{2}$ nm の光を入射させたところ，$\theta = 5.0°$ のとき，$m = 4$ の明線が観察された。このとき，ガラス板には 1 m あたり約 $\boxed{\text{B}}$ 本の溝がある。

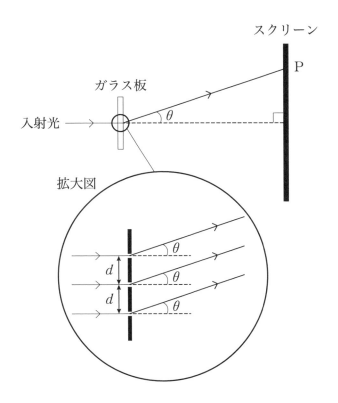

問 3　上の文章で，$\boxed{\text{A}}$ と $\boxed{\text{B}}$ に入る三角関数および数値はどうなるか。正しい組み合わせを，次の①〜⑧の中から一つ選びなさい。ただし，必要なら $\sin5° ≒ 0.087$，$\cos5°$ ≒ 1.0 を用いてよい。 **12**

	①	②	③	④	⑤	⑥	⑦	⑧
A	$\sin\theta$	$\sin\theta$	$\sin\theta$	$\sin\theta$	$\cos\theta$	$\cos\theta$	$\cos\theta$	$\cos\theta$
B 〔本〕	5.1×10^{2}	5.1×10^{3}	5.1×10^{4}	5.1×10^{5}	5.8×10^{2}	5.8×10^{3}	5.8×10^{4}	5.8×10^{5}

$\boxed{\text{IV}}$　次の問い A（問1），B（問2），C（問3），D（問4），E（問5），F（問6）に答えなさい。

A　次の図のように，正に帯電した帯電体と箔検電器を用いて，下の(a)～(d)の手順で実験をおこなった。

(a)　帯電していない箔検電器の金属板に，正に帯電した帯電体を近づける。

(b)　帯電体を近づけたまま，金属板に指で触れる。

(c)　帯電体を近づけたまま，指を金属板からはなす。

(d)　帯電体を金属板から遠ざける。

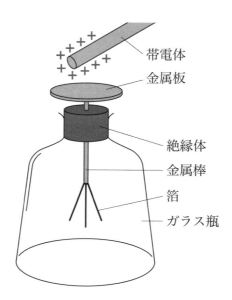

問1　実験後の箔検電器の箔の部分に存在する電荷の種類，および箔の開閉はそれぞれどのようになるか。正しい組み合わせを，次の①～④の中から一つ選びなさい。　**13**

	電荷の種類	箔の開閉
①	正に帯電	開く
②	正に帯電	閉じる
③	負に帯電	開く
④	負に帯電	閉じる

B　次の図のように，面積が等しくじゅうぶんに大きな同形の極板 X，Y からなる平行板コンデンサーがあり，極板の間隔は $3d$，電気容量は C である。このコンデンサーの極板の間に，じゅうぶんに薄くコンデンサーの極板と同じ面積で同形の金属板 Z を，極板 X から d，極板 Y から $2d$ はなれた位置に挿入し，電圧 V の電池を図のように接続した。ただし，電池を接続する前は，極板 X，Y および金属板 Z は帯電していないものとする。

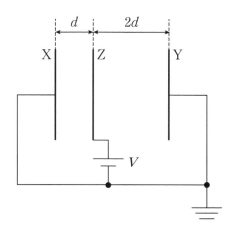

問 2　電池を接続してじゅうぶん時間が経過した後，金属板 Z に蓄えられた電荷はどのように表されるか。正しいものを，次の①〜⑥の中から一つ選びなさい。　　**14**

①　$\dfrac{3}{2}CV$　　　　　②　$\dfrac{9}{4}CV$　　　　　③　$3CV$

④　$4CV$　　　　　　⑤　$\dfrac{9}{2}CV$　　　　　⑥　$6CV$

C　次の図のように，起電力 V の電池と抵抗値 R の抵抗 12 個からなる回路があり，この回路の PQ 間の合成抵抗は，接続された抵抗の上下の対称性を利用して計算することができる。ただし，電池の内部抵抗や用いた導線の抵抗は無視できるものとする。

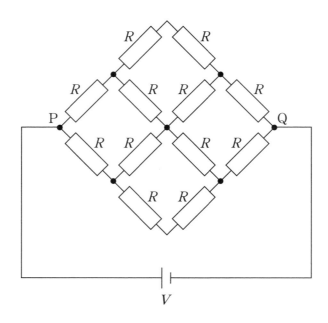

問 3　この回路の PQ 間の合成抵抗はいくらか。正しいものを，次の①〜⑥の中から一つ選びなさい。　　　15

① $\dfrac{1}{2}R$

② R

③ $\dfrac{3}{2}R$

④ $2R$

⑤ $3R$

⑥ $4R$

D　次の図のように，円形コイルの中央にできる磁場を利用して地磁気の水平成分を測定する装置を組み立てた。ここで，xy 面が水平となるように xyz 座標をとり，円形コイルの面を yz 面とし，その中央の xy 面上に方位磁針を置き，y 軸方向が北，x 軸方向が東になるようにした。また，円形コイルには電池，スイッチ，電流計，すべり抵抗器が直列に接続されており，方位磁針の針は電流が流れる前は北を指していた。ここで，半径 r の円形コイルに大きさ I_1 の電流を流したところ，方位磁針の針が北から東の方向に 30° ふれて静止した。次に，半径 $2r$ の円形コイルに大きさ I_2 の電流を流したところ，同様に 45° ふれて静止した。

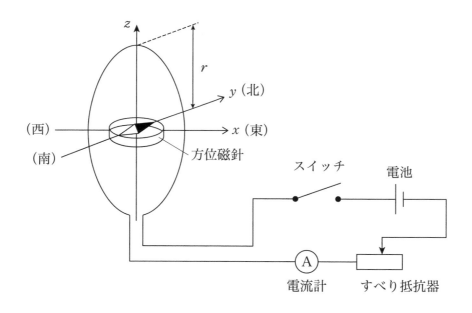

問4　$\dfrac{I_2}{I_1}$ はいくらか。正しい値を，次の①〜⑥の中から一つ選びなさい。　16

①　$\sqrt{3}$　　　　　　②　$\sqrt{6}$　　　　　　③　$2\sqrt{2}$

④　3　　　　　　　　⑤　$2\sqrt{3}$　　　　　　⑥　$3\sqrt{2}$

E　次の図のように，3辺の長さが a，b，c の半導体があり，図の方向に x 軸，y 軸，z 軸をとる。この半導体に y 軸の正の向きに電流を流し，磁束密度 B の一様な磁場を z 軸の正の向きにかける。このとき，半導体の中を平均の速さ v で移動する電荷がローレンツ力を受けることで側面 S_1，S_2 は帯電し，S_1S_2 間に電場が生じる。やがてこの電場による静電気力とローレンツ力がつり合い，電荷は直進するようになる。ここで S_1 を接地すると，S_2 の電位の符号は正になった。

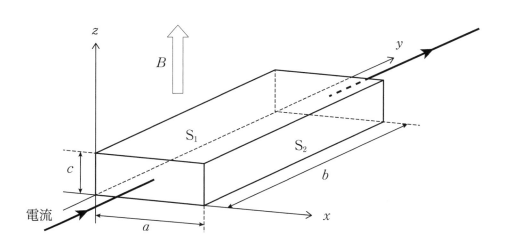

問5　この半導体のキャリアは電子，ホール（正孔）のどちらか。また，S_2 の電位はどのように表されるか。正しい組み合わせを，次の①～⑥の中から一つ選びなさい。

17

	キャリアの種類	S_2 の電位
①	電子	vBa
②	電子	vBb
③	電子	vBc
④	ホール	vBa
⑤	ホール	vBb
⑥	ホール	vBc

F 　次の図のように，水平面と角度 θ をなす斜面に沿って，間隔 L の2本のなめらかな導体レールが設置されており，その上に，質量 m の太さが無視できる導体棒を置いて手でささえる。導体棒は L よりも長く，導体レールに対してつねに垂直である。また，斜面に垂直かつ下向きに磁束密度 B の一様な磁場が斜面全体にかけられており，導体レールの両下端には抵抗値 R の抵抗が接続されている。ただし，導体レールはじゅうぶんに長いものとし，導体棒および導体レールの抵抗や回路の自己誘導は無視できるものとする。

（横から見た図）　　　　　　　　　（上から見た図）

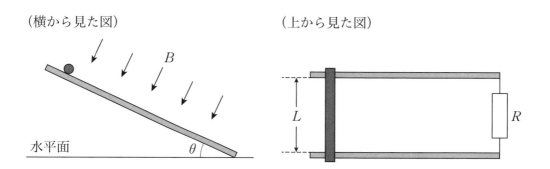

水平面

問6 　導体棒を静かにはなしてじゅうぶん時間が経過した後，導体棒の速さは一定になる。この速さはどのように表されるか。正しいものを，次の①〜⑥の中から一つ選びなさい。　**18**

① $\dfrac{mgR\sin\theta}{BL}$　　　② $\dfrac{mgR\cos\theta}{BL}$　　　③ $\dfrac{mg\sin\theta}{BLR}$

④ $\dfrac{mgR\sin\theta}{B^2L^2}$　　　⑤ $\dfrac{mgR\cos\theta}{B^2L^2}$　　　⑥ $\dfrac{mg\sin\theta}{B^2L^2R}$

$\boxed{\text{V}}$ 次の問い A（問1）に答えなさい。

A 静止しているホウ素 $^{10}_{5}\text{B}$ に中性子 $^{1}_{0}\text{n}$ を当てると，α 粒子と粒子 X が生成する。

問1 生成された粒子 X は何か。最も適当なものを，次の①～⑤の中から一つ選びなさい。

$\boxed{19}$

① $^{10}_{4}\text{Be}$ ② $^{8}_{4}\text{Be}$ ③ $^{6}_{3}\text{Li}$ ④ $^{7}_{3}\text{Li}$ ⑤ $^{8}_{3}\text{Li}$

模擬試験

第4回

I 次の問い **A（問1）**，**B（問2）**，**C（問3）**，**D（問4）**，**E（問5）**，**F（問6）** に答えなさい。ただし，重力加速度の大きさを g とし，空気の抵抗は無視できるものとする。

A 台ばかりの上に密度 ρ の一定量の液体が入ったビーカーを置いた。まず，図1のように，質量 m，体積 V の物体を細い糸でつるして，全体を液体に浸した。これを状態Aとする。次に，図2のように，図1と同じ一定量の液体に糸を外した同じ物体をビーカーの底に沈めた。これを状態Bとする。物体の密度は，液体の密度より大きいものとし，ビーカーと液体の質量の合計は M とする。また，台ばかりは，液体や物体の入ったビーカーが，台ばかりの台を押す力の大きさを値として示す。

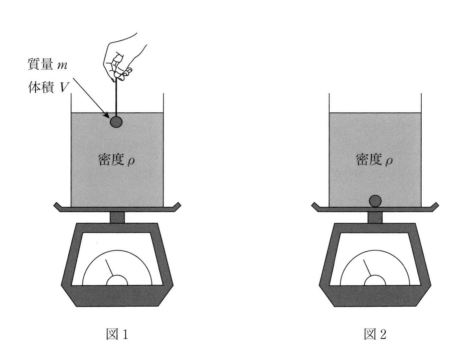

図1　　　　　　　　図2

問1 状態 A，B における台ばかりが示す値は，それぞれどのように表されるか。正しい組み合わせを，次の①～⑥の中から一つ選びなさい。 $\boxed{1}$

	状態 A	状態 B
①	$(M+\rho V)g$	$(M+\rho V)g$
②	$(M+\rho V)g$	$(M+m-\rho V)g$
③	$(M+\rho V)g$	$(M+m)g$
④	$(M+m)g$	$(M+\rho V)g$
⑤	$(M+m)g$	$(M+m-\rho V)g$
⑥	$(M+m)g$	$(M+m)g$

B　次の図のように，水平な床上の 2ℓ だけはなれた場所に，互いに逆向きに回転している ローラー1，2があり，その上に質量 M の一様な板が床と平行にのせられている。 板は軽くて伸び縮みしないひもで壁につながれて静止している。また，板の重心は， 2つのローラーの中間点Oから右に d だけはなれた位置にある。ただし，$0 < d < \ell$ とし，板とローラーの間にはたらく摩擦力の動摩擦係数は μ とする。

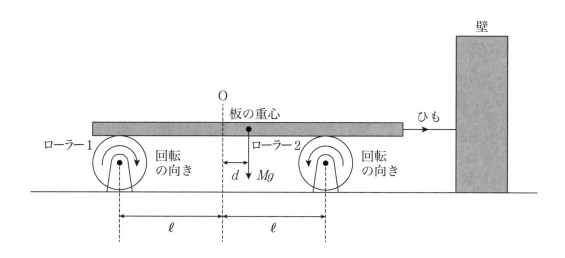

問2　板がローラー1から受ける動摩擦力の大きさ F_1 と向き，ローラー2から受ける動摩 擦力の大きさ F_2 と向きはどのように表されるか。正しい組み合わせを，次の①〜④の 中から一つ選びなさい。　　　　　　　　　　　　　　　　　　　　　　　　　**2**

	F_1	F_1 の向き	F_2	F_2 の向き
①	$\dfrac{\mu Mg(\ell-d)}{\ell}$	右向き	$\dfrac{\mu Mg(\ell+d)}{\ell}$	左向き
②	$\dfrac{\mu Mg(\ell-d)}{\ell}$	左向き	$\dfrac{\mu Mg(\ell+d)}{\ell}$	右向き
③	$\dfrac{\mu Mg(\ell-d)}{2\ell}$	右向き	$\dfrac{\mu Mg(\ell+d)}{2\ell}$	左向き
④	$\dfrac{\mu Mg(\ell-d)}{2\ell}$	左向き	$\dfrac{\mu Mg(\ell+d)}{2\ell}$	右向き

C　次の図のように，水平方向に速さ v で飛んでいる質量 m の弾丸が，床に静止している質量 M の木片の面に垂直に突きささり，木片と一体となって一定の速さで動いた。床は水平でなめらかであるとする。

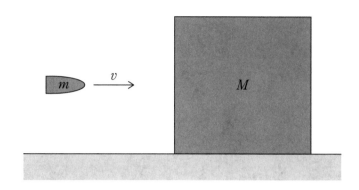

問3　最初に弾丸がもっていた力学的エネルギーと，一体となった弾丸と木片がもっている力学的エネルギーの差はいくらか。正しいものを，次の①〜⑥の中から一つ選びなさい。　**3**

①　$\dfrac{mM}{m+M}v^2$

②　$\dfrac{mM}{2(m+M)}v^2$

③　$\dfrac{mM(2m+M)}{(m+M)^2}v^2$

④　$\dfrac{mM(2m-M)}{(m+M)^2}v^2$

⑤　$\dfrac{mM(2m+M)}{2(m+M)^2}v^2$

⑥　$\dfrac{mM(2m-M)}{2(m+M)^2}v^2$

D   なめらかな水平面上に物体 A を置き，そこに，左方から物体 B を速さ v_0 で進ませて衝突させたところ，2 つの物体は下の図のように進んだ。物体 A の質量は m，物体 B の質量は $2m$ である。

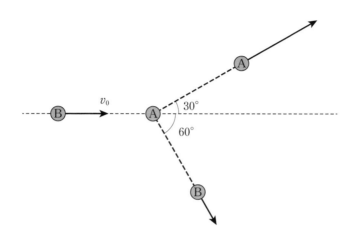

問 4   衝突後の物体 A の速さはどのように表されるか。正しいものを，次の①〜④の中から一つ選びなさい。   **4**

① $\dfrac{1}{3}v_0$ ② $\dfrac{1}{\sqrt{3}}v_0$ ③ $\sqrt{3}\,v_0$ ④ $3v_0$

E　次の図のように，頂角が 2θ で，軸 OA が鉛直方向の円錐容器が設置されている。こ
こで，円錐容器のなめらかな内面に，質量 m の小球を面に沿って水平方向に放出した
ところ，小球は水平面内で半径 r の等速円運動を続けた。

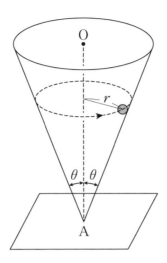

問 5　等速円運動する小球の速さはどのように表されるか。正しいものを，次の①～⑥の
中から一つ選びなさい。　　$\boxed{5}$

①　$\sqrt{\dfrac{gr}{\tan\theta}}$

②　$\sqrt{\dfrac{gr\cos\theta}{\tan\theta}}$

③　$\sqrt{\dfrac{gr\sin\theta}{\tan\theta}}$

④　$\sqrt{\dfrac{r}{g\tan\theta}}$

⑤　$\sqrt{\dfrac{r\cos\theta}{g\tan\theta}}$

⑥　$\sqrt{\dfrac{r\sin\theta}{g\tan\theta}}$

F　図1のように，ばね定数 k の軽いばね A を天井からつるし，他端に質量 m の小球 A を取り付けた。小球をつり合いの位置から距離 a だけ引き下げて静かに手をはなすと，小球 A は上下に単振動を始めた。次に，図2のように，ばね定数 $3k$ の軽いばね B を天井からつるし，他端に質量 M の小球 B を取り付けた。同様にして小球をつり合いの位置から距離 a だけ引き下げて静かに手をはなすと，小球 B は上下に単振動を始めた。

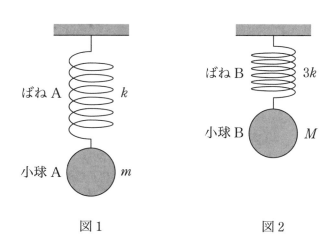

図1　　　　　　　図2

問6　小球 A と B の単振動の周期が等しくなるときの小球 B の質量 M はいくらか。また，この場合，小球 A と B がそれぞれつり合いの位置を通過する速さは等しくなるが，いくらになるか。正しい組み合わせを，次の①～⑨の中から一つ選びなさい。　　**6**

	①	②	③	④	⑤	⑥	⑦	⑧	⑨
M	$\dfrac{m}{3}$	$\dfrac{m}{3}$	$\dfrac{m}{3}$	m	m	m	$3m$	$3m$	$3m$
速さ	$a\sqrt{\dfrac{k}{m}}$	$a\sqrt{\dfrac{3k}{m}}$	$a\sqrt{\dfrac{k}{3m}}$	$a\sqrt{\dfrac{k}{m}}$	$a\sqrt{\dfrac{3k}{m}}$	$a\sqrt{\dfrac{k}{3m}}$	$a\sqrt{\dfrac{k}{m}}$	$a\sqrt{\dfrac{3k}{m}}$	$a\sqrt{\dfrac{k}{3m}}$

Ⅱ 　次の問い **A**（**問1**），**B**（**問2**），**C**（**問3**）に答えなさい。

A 　熱容量が60 J/K のフライパンに，オリーブオイルを170g 入れた。これをコンロに
かけてゆっくり加熱すると，フライパンとオリーブオイルの温度は80℃になった。た
だし，加熱する前のフライパンとオリーブオイルの温度は20℃で，コンロが与えた熱
はすべてフライパンとオリーブオイルに加わったものとする。

問1 　コンロがフライパンとオリーブオイルに与えた熱量は2.4×10^4 J だった。オリーブ
オイルの比熱はいくらか。最も適当な値を，次の①〜⑥の中から一つ選びなさい。

　　　　　　　　　　　　　　　　　　　　　　　　　　　　7 J/(g・K)

① 　1.4　　　　　　② 　1.6　　　　　　③ 　1.8

④ 　2.0　　　　　　⑤ 　2.2　　　　　　⑥ 　2.4

B　熱気球は，バーナーで温めた空気を袋内に送り込み，それによって生じる浮力により空中に浮上することができる。次の図のように，水平な地面に熱気球が接している。熱気球の袋の容積を V_0，袋内の空気の質量を除いた熱気球の質量を M，外気の密度を ρ_0，外気の絶対温度を T_0，外気圧を P_0 とする。熱気球の袋内の圧力はつねに P_0 と等しく，袋の容積 V_0 はつねに一定で，気球材料の体積は無視できる。また，外気の質量 $\rho_0 V_0$ の物質量を n とし，空気は理想気体として扱い，気体の状態方程式が成り立つものとする。

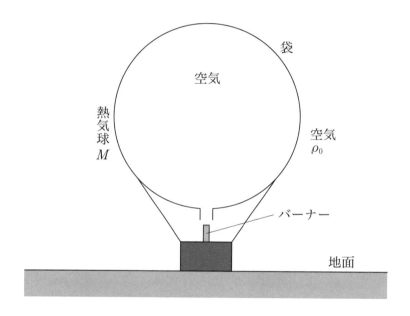

問2　この気球を浮上させるためには，袋内の空気の絶対温度をいくら以上にする必要があるか。正しいものを，次の①～⑥の中から一つ選びなさい。ただし，物質量 n は答えに残さないものとする。　　**8**

① $\dfrac{\rho_0 V_0}{M} T_0$ 　　② $\dfrac{M}{\rho_0 V_0} T_0$ 　　③ $\dfrac{\rho_0 V_0}{\rho_0 V_0 - M} T_0$

④ $\dfrac{M}{\rho_0 V_0 - M} T_0$ 　　⑤ $\dfrac{\rho_0 V_0 + M}{\rho_0 V_0} T_0$ 　　⑥ $\dfrac{\rho_0 V_0 + M}{\rho_0 V_0 - M} T_0$

C　1 mol の単原子分子理想気体を，次の図のように，A → B → C → A の順にゆっくりと変化させた。A → B は定積変化，B → C は断熱変化，C → A は定圧変化である。

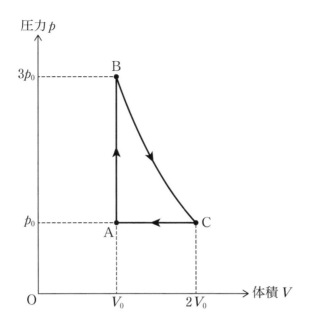

問 3　このサイクルを熱機関とみなしたときの熱効率はいくらか。最も適当な値を，次の①〜⑥の中から一つ選びなさい。　**9**

① 0.090　　　　② 0.17　　　　③ 0.34

④ 0.50　　　　⑤ 0.56　　　　⑥ 0.68

$\boxed{\text{III}}$　　次の問い **A**（**問1**），**B**（**問2**），**C**（**問3**）に答えなさい。

A　　次の図は，速さ $50\,\mathrm{m/s}$ で x 軸上を負の向きに進んでいる振幅が A〔m〕の正弦波の時刻 $t = 0\,\mathrm{s}$ における波形を表している。

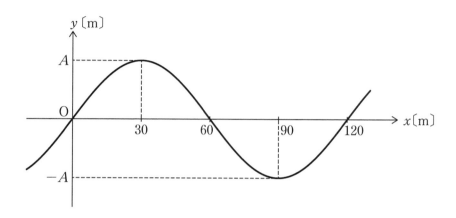

問1　$x = 80\,\mathrm{m}$ における変位 y〔m〕は時刻 t〔s〕に対してどのように変化するか。最も適当なグラフを，次の①〜④の中から一つ選びなさい。　$\boxed{10}$

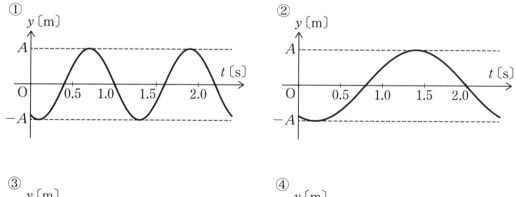

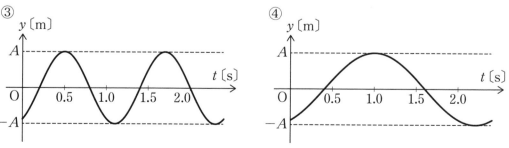

B　気温が 25.0℃の夜に，A さんは水平方向から 30° 上の方向に大きな花火を見て，その後 2.6 秒経ってから大きな音を聞いた。ところで，音波が空気中を進む場合の速さは，0 ℃のときの速さが 331.0 m/s で，気温が 1℃上昇するごとに 0.6 m/s ずつ速くなることがわかっている。ただし，光の速さは音の速さよりも圧倒的に速いため，光は花火が光った瞬間に A さんに伝わるものとする。また，高度による気温の変化はないものとする。

問 2　花火の中心は A さんから見て何 m の高さか。最も適当な値を，次の①〜④の中から一つ選びなさい。ただし，花火はその中心で炸裂することとする。　　**11** m

①　450　　　　　②　634　　　　　③　778　　　　　④　900

C　次の図のように，深さ d の水が入った水槽に硬貨を沈め，水面の硬貨真上近くから見ると，硬貨は浮き上がって見えた。ただし，空気の屈折率を 1.0，水の屈折率を 1.3 とし，θ がじゅうぶん小さいとき，$\sin \theta \fallingdotseq \tan \theta$ と近似できるものとする。

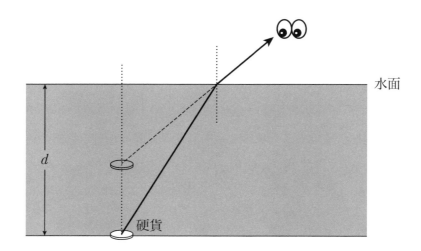

水面

d

硬貨

問3　このとき，硬貨はどれだけ浮き上がって見えるか。最も適当なものを，次の①〜④の中から一つ選びなさい。　**12**

①　0.11d　　　　②　0.23d　　　　③　0.33d　　　　④　0.44d

$\boxed{\text{IV}}$ 次の問い **A**（**問1**），**B**（**問2**），**C**（**問3**），**D**（**問4**），**E**（**問5**），**F**（**問6**）に答えなさい。

A 次の図のように，一直線上に一定の間隔 a で，電気量がそれぞれ Q_1，Q_2，Q_3 である3つの点電荷を置くと，点電荷にはたらく力がつり合ってすべての点電荷が静止した。

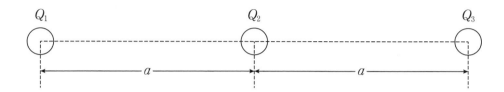

問1 $\left|\dfrac{Q_1}{Q_2}\right|$ はいくらか。正しい値を，次の①～⑤の中から一つ選びなさい。 $\boxed{\textbf{13}}$

① 1   ② 2   ③ 3   ④ 4   ⑤ 8

B　次の図のように，電源に 4 個の抵抗が接続されている。抵抗 1 は 6 Ω，抵抗 2 は 6 Ω，抵抗 3 は 18 Ω，抵抗 4 は 12 Ω である。

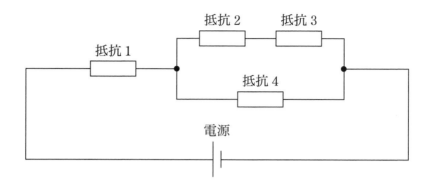

問2　4 個の抵抗の消費電力の比（抵抗 1：抵抗 2：抵抗 3：抵抗 4）はどのように表されるか。最も適当なものを，次の①～⑥の中から一つ選びなさい。　**14**

①　1：1：3：2　　　　　②　3：3：1：2　　　　　③　8：1：3：9

④　8：3：1：9　　　　　⑤　9：1：3：8　　　　　⑥　9：3：1：8

C 次の図のように，2個の電池（起電力 E_a, E_b），3個の抵抗（抵抗値 R_1, R_2, R_3），コンデンサー C，2個のスイッチ S_1, S_2, 電流計を接続して回路をつくった。最初に，スイッチ S_1 だけ閉じると，電流計の値が 0 となった。その後，時刻 $t = 0$ にスイッチ S_1 を開いて，時刻 $t = t_1$ にスイッチ S_2 を閉じた。電池と電流計の内部抵抗は無視でき，最初にコンデンサーには電荷が蓄えられていないものとする。

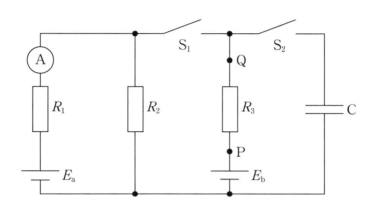

問 3 起電力 E_b はどのように表されるか。また，PQ 間の電位差は時刻 t に対してどのように変化するか。最も適当な組み合わせを，次の①～⑥の中から一つ選びなさい。

15

	起電力 E_b	電位差の変化		起電力 E_b	電位差の変化
①	$\dfrac{R_1 + R_2}{R_1} E_a$	電位差のグラフ：t_1 で立ち上がり減衰	②	$\dfrac{R_1 + R_2}{R_1} E_a$	電位差のグラフ：t_1 から上昇し飽和
③	$\dfrac{R_2 + R_3}{R_2} E_a$	電位差のグラフ：t_1 で立ち上がり減衰	④	$\dfrac{R_2 + R_3}{R_2} E_a$	電位差のグラフ：t_1 から上昇し飽和
⑤	$\dfrac{R_1 + R_3}{R_3} E_a$	電位差のグラフ：t_1 で立ち上がり減衰	⑥	$\dfrac{R_1 + R_3}{R_3} E_a$	電位差のグラフ：t_1 から上昇し飽和

D　次の図は，3個の抵抗 R_1，R_2，R_3 と電池 E_1，E_2 でつくった回路である。抵抗 R_1 の抵抗値は $8.0\,\Omega$，抵抗 R_2 の抵抗値は $20\,\Omega$，抵抗 R_3 の抵抗値は $10\,\Omega$ である。また，電池 E_1 の起電力は $12\,\mathrm{V}$，電池 E_2 の起電力は $10\,\mathrm{V}$ である。電池の内部抵抗は無視できるものとする。

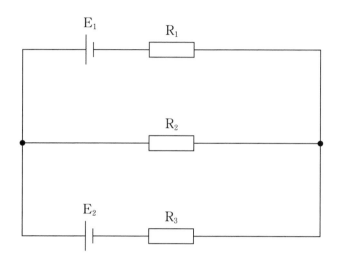

問4　抵抗 R_2 を流れる電流の大きさは何 A か。最も適当な値を，次の①〜④の中から一つ選びなさい。　　**16** A

①　0.23　　　　②　0.45　　　　③　0.83　　　　④　0.90

E 次の図の   は，幅 2ℓ の領域で，紙面に垂直に裏から表の向きに磁束密度 B の一様な磁場が存在する（この領域を磁場領域と呼ぶ）。一辺の長さが ℓ の正方形の閉じた 1 巻きコイルを，紙面に平行に保ったまま，一定の速度 v で図の (ア) → (イ) → (ウ) → (エ) → (オ) のように運動させる。運動方向は磁場領域の境界に垂直であり，コイルが初めて磁場領域と接する正方形の辺は，磁場領域の境界に平行である。また，コイルの全抵抗を $4R$ とし，コイルが初めて磁場領域と接する時刻を $t = 0$，コイルが完全に磁場領域から出る時刻を $t = 3T$ とする。時刻 $0 \leqq t \leqq 3T$ において，コイルを一定の速度に保つためには，コイルに外力 F を加える必要がある。ただし，コイルの自己誘導は無視できるものとする。

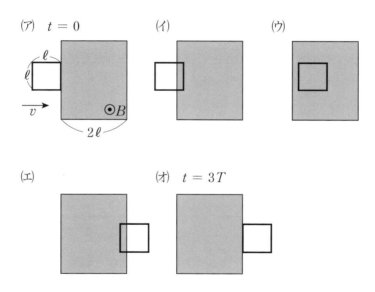

問5 外力 F と時刻 t の関係を表すグラフとして最も適当なものを，次の①〜⑥の中から一つ選びなさい。ただし，外力の向きは右向きを正とする。 $\boxed{17}$

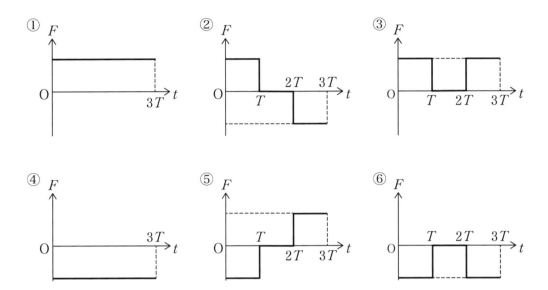

F　次の図は，$V = V_0 \sin 2\pi ft$（V_0：振幅，f：振動数，t：時刻）で表される交流電源を自己インダクタンス L のコイルと，電気容量 C のコンデンサーにそれぞれ接続したときの回路図である。

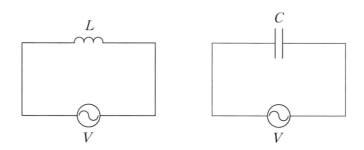

問6　コイルの誘導リアクタンスの値 X_L と，コンデンサーの容量リアクタンスの値 X_C のそれぞれについて，交流電源の振動数 f との関係を表すグラフはどれか。最も適当なものを，次の①～④の中から一つ選びなさい。　**18**

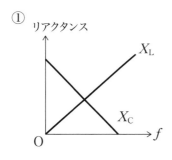
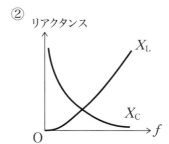
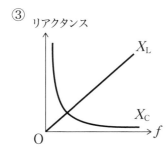
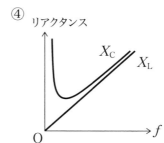

$\boxed{\text{V}}$　　次の問い A（**問 1**）に答えなさい。

A　　原子の定常状態は，波動としての電子が原子核を中心とする円軌道上にあたかも定常波をつくっている状態とみなされる。

問 1　量子数 n（$n = 1, 2, 3, \cdots$）の定常状態における円軌道の半径 r，電子の質量 m，電子の速さ v，プランク定数 h の間に成り立つ関係式として正しいものを，次の①〜⑥の中から一つ選びなさい。　$\boxed{\textbf{19}}$

①　$\pi r^2 = \dfrac{nmv}{h}$　　　　②　$\pi r = \dfrac{nmv}{h}$　　　　③　$2\pi r = \dfrac{nmv}{h}$

④　$\pi r^2 = \dfrac{nh}{mv}$　　　　⑤　$\pi r = \dfrac{nh}{mv}$　　　　⑥　$2\pi r = \dfrac{nh}{mv}$

模擬試験

第5回

$\boxed{\text{I}}$ 次の問い **A**(**問 1**),**B**(**問 2**),**C**(**問 3**),**D**(**問 4**),**E**(**問 5**),**F**(**問 6**)に答えなさい。ただし,重力加速度の大きさを g とし,空気の抵抗は無視できるものとする。

A なめらかな水平面上に質量 M の板を置き,その上に質量 m の直方体を置いた。この直方体に初速度 v_0 を与えたところ,直方体は板の上をすべり,やがて直方体と板は一体となって進んだ。直方体と板の間の動摩擦係数を μ' とする。

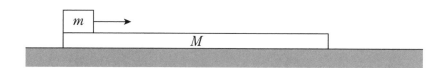

問 1 直方体が板と一体となるまでに進んだ板上の距離はどのように表されるか。正しいものを,次の①〜④の中から一つ選びなさい。 $\boxed{1}$

① $\dfrac{mv_0{}^2}{2\mu'(m+M)g}$

② $\dfrac{Mv_0{}^2}{2\mu'(m+M)g}$

③ $\dfrac{mv_0{}^2}{\mu'(m+M)g}$

④ $\dfrac{Mv_0{}^2}{\mu'(m+M)g}$

B　次の図のように，水平な床に辺の長さが a, b である面を手前に向けて，質量 m の均質な直方体が静止している。ここで，水平左向きに大きさ F の力を床から高さ h の位置に加えると，直方体はすべることなく点 P を中心に回転して倒れた。直方体と床との間の静止摩擦係数を μ とする。

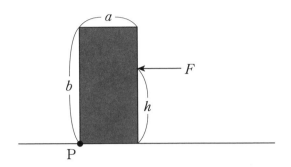

問2　h が満たす条件として最も適当なものを，次の①～⑧の中から一つ選びなさい。

$\boxed{2}$

①　$h > \dfrac{a}{\mu}$ 　　　②　$h > \dfrac{b}{\mu}$ 　　　③　$h > \dfrac{a}{2\mu}$ 　　　④　$h > \dfrac{b}{2\mu}$

⑤　$h < \dfrac{a}{\mu}$ 　　　⑥　$h < \dfrac{b}{\mu}$ 　　　⑦　$h < \dfrac{a}{2\mu}$ 　　　⑧　$h < \dfrac{b}{2\mu}$

C　次の図のように，水平面から高さ H の位置で質量 $2m$ の小物体 A を静かにはなした。物体は摩擦のない斜面 P をすべりおりて，摩擦のない水平面上に置いてある質量 m の物体 B に弾性衝突した。その後，物体 B は，水平面と $30°$ の角度をなす摩擦のある斜面 Q を上昇し，水平面から高さ h に達して静止した。物体 B と斜面 Q との間の動摩擦係数は $\dfrac{1}{\sqrt{3}}$ で，水平面と斜面はなめらかに接続しているものとする。

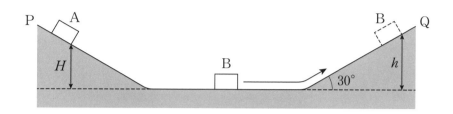

問3　物体 B が静止した高さ h はどのように表されるか。正しいものを，次の①〜⑥の中から一つ選びなさい。　$\boxed{3}$

①　$\dfrac{8}{\sqrt{3}}H$

②　$\dfrac{5\sqrt{3}}{2}H$

③　$\dfrac{5}{8}H$

④　$\dfrac{8}{9}H$

⑤　$\dfrac{9}{8}H$

⑥　$\dfrac{8}{5}H$

D　次の図のように，伸び縮みしない軽いひもの先端につけた質量 $2m$ の小球 A を天井の点 O からぶら下げ，ひもがたるまないように水平な床から高さ h の位置に持ち上げた。その後，小球 A から静かに手をはなし，摩擦のない水平な床に置いた質量 m の物体 B に弾性衝突させた。衝突の後，小球 A が達した最高点は床から高さ H であった。ただし，衝突は正面衝突とする。

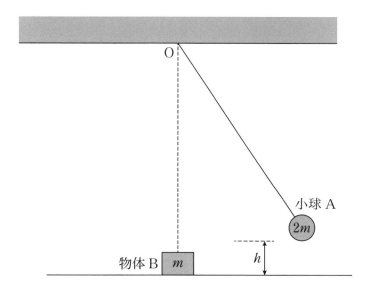

問4　H はどのように表されるか。正しいものを，次の①〜⑥の中から一つ選びなさい。

4

①　h　　　　　　　　②　$\dfrac{h}{2}$　　　　　　　　③　$\dfrac{h}{3}$

④　$\dfrac{h}{4}$　　　　　　　　⑤　$\dfrac{h}{9}$　　　　　　　　⑥　$\dfrac{2h}{5}$

E　次の図のように，半径 ℓ の水平な円板があり，中心 O を通る鉛直軸のまわりをなめらかに回転できる。円板の直径上には質量 m の小物体があり，一端を直径の端に固定された2つの軽いばね1，ばね2の他端につながれている。ばね1，ばね2はいずれもばね定数 k で自然長 ℓ である。この小物体を距離 r だけばね1が縮む方向に動かして，円板を角速度 ω で時計回りに回転させたところ，円板にのっている観測者からは，小物体が単振動をするように見えた。小物体は直径方向以外には動かないようになっており，円板と小物体との間に摩擦はないものとする。

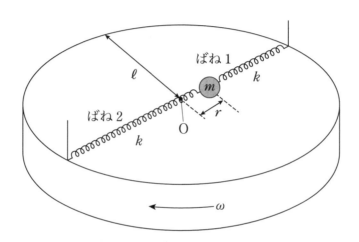

問5　このときの小物体の単振動の周期はどのように表されるか。正しいものを，次の①〜⑥の中から一つ選びなさい。　　5

①　$2\pi\sqrt{\dfrac{m}{2k+m\omega^2}}$　　　②　$2\pi\sqrt{\dfrac{m}{2k-m\omega^2}}$　　　③　$2\pi\sqrt{\dfrac{m}{2k+m\omega}}$

④　$2\pi\sqrt{\dfrac{m}{2k-m\omega}}$　　　⑤　$2\pi\sqrt{\dfrac{m}{k+m\omega^2}}$　　　⑥　$2\pi\sqrt{\dfrac{m}{k-m\omega^2}}$

F　次の図のように，傾き θ のなめらかな斜面をもつ質量 $3m$ の台 P が水平な床の上に置かれている。台 P の斜面上に，質量 m の小球 Q を静かにのせると同時に，台 P に取り付けた糸を水平右向きに一定の大きさ F の力で引っ張り始めた。台 P と小球 Q は一体となって動き，小球 Q は同じ高さを維持した。ただし，台 P と床との間に摩擦はないものとする。

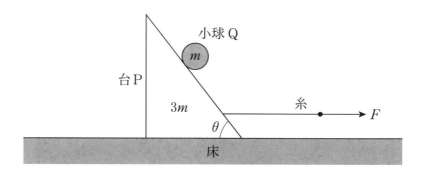

問6　F はどのように表されるか。正しいものを，次の①～⑥の中から一つ選びなさい。

6

①　$4mg\tan\theta$　　　　②　$5mg\tan\theta$　　　　③　$4mg\sin\theta$

④　$5mg\sin\theta$　　　　⑤　$4mg\cos\theta$　　　　⑥　$5mg\cos\theta$

　　次の問い A（**問1**），B（**問2**），C（**問3**）に答えなさい。

A　　熱容量 80.0 J/K の容器に，比熱 1.20 J/(g·K) の液体 500 g を入れてじゅうぶん時間が経過した後，容器全体の温度は 60.0 ℃であった。次に，比熱のわからない 200 ℃の固体 400 g をこの容器に入れた。じゅうぶん時間が経過した後，容器全体の温度は 94.2 ℃であった。ただし，熱は液体，容器，比熱のわからない固体の間だけで移動するものとする。

問1　この固体の比熱は何J/(g·K) か。最も適当な値を，次の①～⑥の中から一つ選びなさい。　　　　　　　　　　　　　　　　　　　　　　　　　　　**7** J/(g·K)

① 0.42　　　　　　② 0.45　　　　　　③ 0.48

④ 0.51　　　　　　⑤ 0.53　　　　　　⑥ 0.55

B　次の図のように，断熱材でつくられた容積 $2V_0$ の容器 A と容積 V_0 の容器 B が，栓のついた細管でつながれている。初め栓は閉じられ，容器 A には物質量 n_A〔mol〕の単原子分子理想気体，容器 B には物質量 n_B〔mol〕の単原子分子理想気体がそれぞれ入っている。また，A，B 内の気体の圧力はそれぞれ p_0，$3p_0$ である。次に，栓を開くと，容器内の気体がじゅうぶんに混合され，全体が一様な状態に達した。ただし，細管の容積は無視できるものとする。

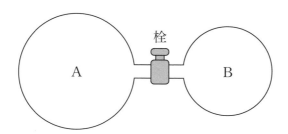

問 2　全体が一様な状態に達したときの容器内の圧力はどのように表されるか。正しいものを，次の①〜⑥の中から一つ選びなさい。　　**8**

① $\dfrac{6}{5}p_0$　　　　　② $\dfrac{7}{5}p_0$　　　　　③ $\dfrac{8}{5}p_0$

④ $\dfrac{4}{3}p_0$　　　　　⑤ $\dfrac{5}{3}p_0$　　　　　⑥ $2p_0$

C　27 ℃の He ガス（原子量 4）と 227 ℃の Ne ガス（原子量 20）がある。ただし，He
ガス，Ne ガスはいずれも単原子分子理想気体とみなし，次の式が成り立つものとする。

$$\frac{1}{2}m\overline{v^2}=\frac{3}{2}kT \qquad \left(\begin{array}{l} m：質量, \ \overline{v^2}：速度の2乗平均 \\ k：ボルツマン定数, \ T：絶対温度 \end{array} \right)$$

問3　Ne 原子の 2 乗平均速度 $\left(\sqrt{\overline{v^2}}\right)$ は He 原子の 2 乗平均速度の何倍か。最も適当な値
を，次の①～⑦の中から一つ選びなさい。　　　　　　　　　　　　　　9 倍

①　$\sqrt{\dfrac{4}{15}}$　　　　②　$\sqrt{\dfrac{1}{3}}$　　　　③　$\sqrt{\dfrac{2}{5}}$　　　　④　1

⑤　$\sqrt{\dfrac{5}{2}}$　　　　⑥　$\sqrt{3}$　　　　⑦　$\sqrt{\dfrac{15}{4}}$

次の問い **A**（**問1**），**B**（**問2**），**C**（**問3**）に答えなさい。

A　　次の図は，同じ水面の2か所に波面発生装置を置き，波を発生させて，そのようす を確かめる実験の概念図である。波源Aと波源Bに，互いに逆位相で同じ振動数，同 じ振幅の波を発生させ，2つの波源を結んだ線分の垂直二等分線上の点Pで2つの波 の重なりを観測した。

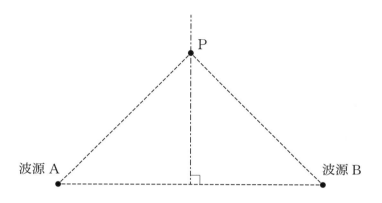

問1　図中の点Pでの水位の時間変化を表すグラフはどれか。最も適当なものを，次の① 〜④の中から一つ選びなさい。ただし，破線は波を発生させる前の水位を示している。

10

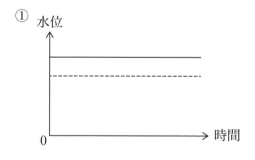

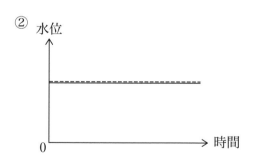

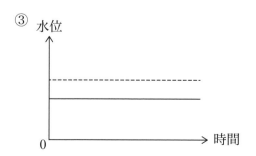

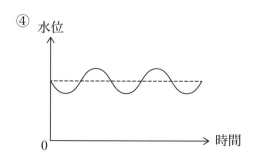

B　次の図のように，閉管の管口に音源を近づけ，共鳴の実験をおこなった。まず，最初に324Hzの音を出したところ，閉管にはn倍振動（$n = 1$, 3, 5……）が観察された。音源の振動数を上げていき540Hzになったときに，次の共鳴が観察された。音の速さを348m/sとし，開口端補正は考えなくてよいものとする。

問2　閉管の長さは何mか。最も適当なものを，次の①〜⑥の中から一つ選びなさい。

$\boxed{11}$ m

①　0.201　　②　0.403　　③　0.537

④　0.806　　⑤　1.07　　⑥　1.58

C　次の図は，ヤングの二重スリットによる干渉実験を表した概念図である。スクリーン上には，図のように x 軸がとってある。S_1 と S_2 はじゅうぶんに細いスリットで，この左側から単色光の平行光線を当てた結果，スクリーン上でとなり合う明線の間隔が Δx の明暗の縞模様が観測された。図中の d はスリットの間隔，L はスリットとスクリーンの間の距離である。ただし，S_1 と S_2 の中点から x 軸に引いた垂線が交わる点を x 軸の原点 O とする。また，d と明線の座標 x は L に比べてじゅうぶん小さいものとする。

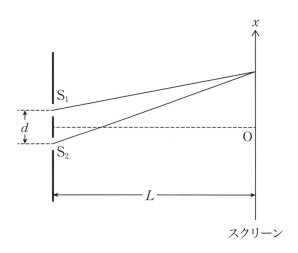

問3　この装置全体を屈折率 $\dfrac{3}{2}$ の液体中に沈めたとき，となり合う明線の間隔はどのように表されるか。最も適当なものを，次の①〜④の中から一つ選びなさい。　　**12**

①　$\dfrac{2}{3}\Delta x$　　　　　②　$\dfrac{3}{2}\Delta x$　　　　　③　$\sqrt{\dfrac{2}{3}\Delta x}$　　　　　④　$\sqrt{\dfrac{3}{2}\Delta x}$

$\boxed{\text{IV}}$　次の問い **A（問1）**，**B（問2）**，**C（問3）**，**D（問4）**，**E（問5）**，**F（問6）** に答えなさい。

A　次の図のように，正の点電荷が xy 平面上の点 A$(\ell , 0)$ にある。

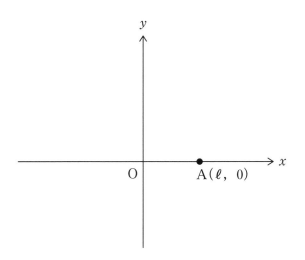

問1　この点電荷が y 軸上につくる電場の y 成分の大きさ E を表すグラフとして最も適当なものを，次の①〜④の中から一つ選びなさい。　$\boxed{13}$

①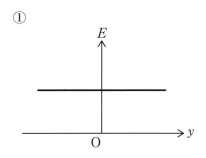

②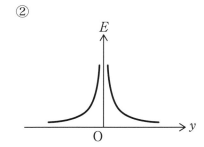

③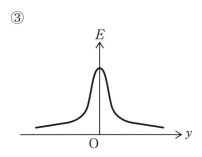

④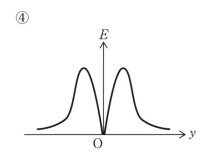

B 次の図のように，電圧 V の電池 E_1 と E_2，電気容量 $2C$ のコンデンサー C_1 と電気容量 C のコンデンサー C_2，およびスイッチ S_1 と S_2 を接続した。初め，スイッチは開いた状態で，コンデンサーは電荷を蓄えていない。次の操作を(a) → (b) → (c)の順でおこなった。

(a) スイッチ S_1 を a_1，スイッチ S_2 を a_2 に接続する。

(b) じゅうぶん時間が経った後，スイッチ S_1 と S_2 をともに開く。

(c) スイッチ S_1 を b_1，スイッチ S_2 を b_2 に接続する。

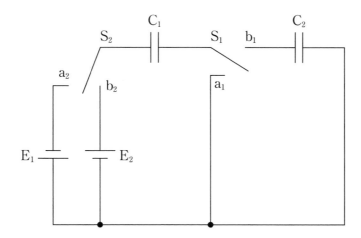

問2 操作(c)の後，じゅうぶんに時間が経ったとき，C_2 の左側の極板に蓄えられている電荷はどのように表されるか。正しいものを，次の①〜⑥の中から一つ選びなさい。

$\boxed{14}$

① $\dfrac{1}{2}CV$ ② $\dfrac{2}{3}CV$ ③ CV

④ $\dfrac{4}{3}CV$ ⑤ $\dfrac{3}{2}CV$ ⑥ $\dfrac{5}{3}CV$

C　次の図は，起電力が E で内部抵抗が r の電池に，可変抵抗を接続した回路である。

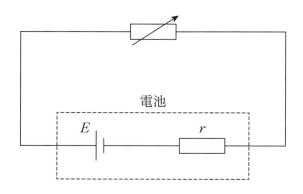

問 3　可変抵抗の抵抗値が r のとき，可変抵抗の消費電力 P はどのように表されるか。また，そのときに回路に流れる電流 I はどのように表されるか。正しい組み合わせを，次の①～⑥の中から一つ選びなさい。　**15**

	消費電力 P	電流 I
①	$\dfrac{E^2}{4r}$	$\dfrac{E}{r}$
②	$\dfrac{E^2}{4r}$	$\dfrac{E}{2r}$
③	$\dfrac{E^2}{4r}$	$\dfrac{E}{3r}$
④	$\dfrac{2E^2}{9r}$	$\dfrac{E}{r}$
⑤	$\dfrac{2E^2}{9r}$	$\dfrac{E}{2r}$
⑥	$\dfrac{2E^2}{9r}$	$\dfrac{E}{3r}$

D　次の図のように，抵抗値 R の抵抗 2 個，抵抗値 $2R$ の抵抗 3 個，内部抵抗が無視できる起電力 E の電池，内部抵抗が無視できる電流計を接続して回路をつくった。回路を流れる電流を図のように I_0，I_1，I_2 とおく。

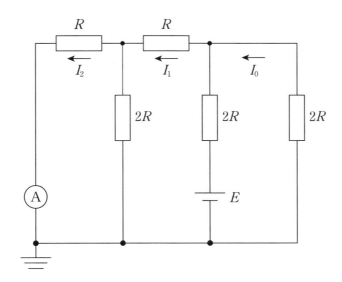

問 4　電流計を流れる電流の大きさ（I_2 の大きさ）はどのように表されるか。正しいものを，次の①～⑥の中から一つ選びなさい。　16

①　$\dfrac{E}{32R}$
　　　　　②　$\dfrac{E}{16R}$
　　　　　③　$\dfrac{3E}{32R}$

④　$\dfrac{E}{8R}$
　　　　　⑤　$\dfrac{5E}{32R}$
　　　　　⑥　$\dfrac{3E}{16R}$

E　次の図のような直方体の金属試料に一定の電流 I を流し，これに垂直に磁束密度 B の一様な磁場を加えたところ，直方体の面 P と面 Q の間に強さ E の電場が発生し，電子は金属中を直進した。ただし，金属中の電子の速さを v，電気量を $-e$，PQ 間の距離を d とする。

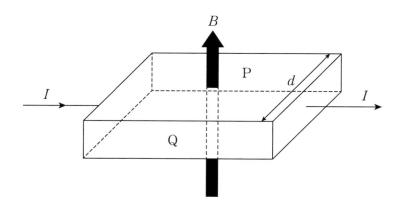

問5　PQ 間の電位差はどのように表されるか。正しいものを，次の①〜④の中から一つ選びなさい。　　　　　　　　　　　　　　　　　　　　　　　　**17**

①　$\dfrac{vBd}{e}$　　　　②　$\dfrac{IBd}{e}$　　　　③　vBd　　　　④　eBd

F　次の図のように，電気容量が 20 μF のコンデンサー C と自己インダクタンス 5.0×10⁻²H のコイル L，内部抵抗の無視できる起電力 12 V の電池 E を接続した。初めスイッチ S を端子 a につなぎ，じゅうぶん時間が経過した後，端子 b につなぎかえたところ，回路に振動電流が流れ始めた。

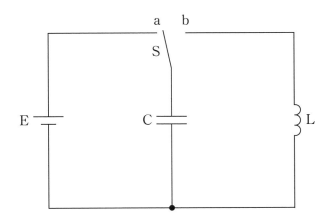

問6　振動電流の周波数は何 Hz か。円周率を 3.14 として，最も適当な値を，次の①〜④の中から一つ選びなさい。　　　　　　　　　**18** Hz

①　1.0×10^3　　　②　3.2×10^2　　　③　1.6×10^2　　　④　3.1×10

次の問い **A**（**問1**）に答えなさい。

A 次に示すような核反応式がある。

$$\ce{^{14}_{7}N} + \ce{^{4}_{2}He} \rightarrow A + B$$

問1 A と B の組み合わせとして最も適当なものを，次の①〜④の中から一つ選びなさい。 **19**

	①	②	③	④
A	$^{16}_{8}\text{O}$	$^{17}_{8}\text{O}$	$^{16}_{8}\text{O}$	$^{17}_{8}\text{O}$
B	$^{1}_{0}\text{n}$	$^{1}_{0}\text{n}$	$^{1}_{1}\text{H}$	$^{1}_{1}\text{H}$

模擬試験

第6回

$\boxed{\text{I}}$ 次の問い A (問1), B (問2), C (問3), D (問4), E (問5), F (問6) に答えなさい。ただし，重力加速度の大きさを g とし，空気の抵抗は無視できるものとする。

A 次の図のように，水平右向きに x 軸，鉛直上向きに y 軸をとる。原点 O にある小球 P を速さ v_0 で x 軸から θ の角度で投げ出すと同時に，座標 $(3gT^2, 4gT^2)$ から小球 Q が自由落下する。ただし，T は時間の次元をもつ定数である。

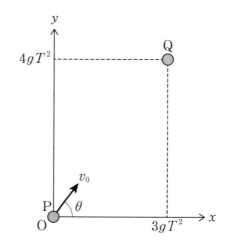

問1 P が Q に衝突する場合に $\tan\theta$ はどのように表されるか。また，衝突までの時間 t はどのように表されるか。正しい組み合わせを，次の①～⑤の中から一つ選びなさい。

$\boxed{1}$

	①	②	③	④	⑤
$\tan\theta$	$\dfrac{2}{3}$	$\dfrac{3}{4}$	1	$\dfrac{4}{3}$	$\dfrac{3}{2}$
t	$\dfrac{4gT^2}{v_0}$	$\dfrac{5gT^2}{v_0}$	$\dfrac{3gT^2}{v_0}$	$\dfrac{5gT^2}{v_0}$	$\dfrac{4gT^2}{v_0}$

104

B　次の図のように，長さ 6.00 m，質量 84.0 kg の薄くて一様な板が支柱 P，Q で支えられている。板の左端を A，右端を B とすると，AP＝x〔m〕，QB＝1.00 m である。ここで，質量 60.0 kg の物体を板の左端 A に静かにのせたところ，板は支柱 Q からはなれた。

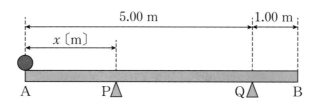

問2　このようなことが起こる x の最小値は何 m か。最も適当な値を，次の①〜⑥の中から一つ選びなさい。　　　　　　　　　　　　　　| **2** | m

①　1.25　　　　　　②　1.50　　　　　　③　1.60

④　1.75　　　　　　⑤　1.80　　　　　　⑥　2.00

C　図1のように，体積 V，高さ h の直方体Aを密度 ρ_{W} の水に入れたところ，水面より上に出ている部分の高さが h_0 の状態で静止した。この状態から，体積 $\dfrac{V}{2}$，密度 ρ_{B} の物体Bを軽くて細い糸で物体Aの下面中央からつり下げたところ，図2のように，Aは図1の状態から $\dfrac{1}{3}h_0$ 沈んで静止した。ただし，$\rho_{\mathrm{B}} > \rho_{\mathrm{W}}$ で，A，Bとも水を通さない一様な物質でできているものとする。

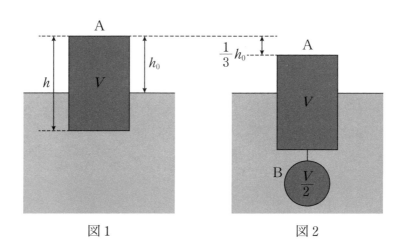

図1　　　　　　　　　図2

問3　物体Bの密度 ρ_{B} はどのように表されるか。正しいものを，次の①～⑥の中から一つ選びなさい。　3

①　$\left(\dfrac{5}{3} - \dfrac{2h_0}{3h}\right)\rho_{\mathrm{W}}$　　　②　$\left(1 + \dfrac{2h}{3h_0}\right)\rho_{\mathrm{W}}$　　　③　$\left(1 + \dfrac{2h_0}{3h}\right)\rho_{\mathrm{W}}$

④　$\left(\dfrac{5}{2} - \dfrac{3h_0}{2h}\right)\rho_{\mathrm{W}}$　　　⑤　$\left(1 + \dfrac{3h}{2h_0}\right)\rho_{\mathrm{W}}$　　　⑥　$\left(1 + \dfrac{3h_0}{2h}\right)\rho_{\mathrm{W}}$

D　次の図のように，水平でなめらかな床の上に質量 $4m$ の台があり，台の内面は点 O を中心とした半径 r のなめらかな半円筒面になっている。質量 m の小球を台の内面の上端 A から静かにはなしたところ，小球は図の鉛直面内で内面に沿って運動した。ただし，台の形状は点 O を通る鉛直線に関して対称であり，台の密度は一様であるものとする。

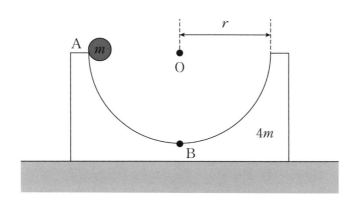

問 4　小球が台の内面の最下点 B を通過する瞬間，床に対する小球の速さはどのように表されるか。正しいものを，次の①〜⑥の中から一つ選びなさい。　　4

①　$\sqrt{10gr}$

②　$\dfrac{\sqrt{10gr}}{10}$

③　$\dfrac{3\sqrt{10gr}}{10}$

④　$\dfrac{\sqrt{10gr}}{5}$

⑤　$\dfrac{3\sqrt{10gr}}{5}$

⑥　$\dfrac{2\sqrt{10gr}}{5}$

E　次の図のような，なだらかな傾斜のレール AB と B でなめらかにつながった半径 r の円形レール，それになめらかに続く水平なレール BC からなるループコースターがある。レール AB 上で，水平なレール BC からの高さが h の位置から質量 m の小球を静かにはなしてレールに沿ってすべらせる。ただし，レールは鉛直面内にあり，小球とレールとの間の摩擦は無視できるものとする。

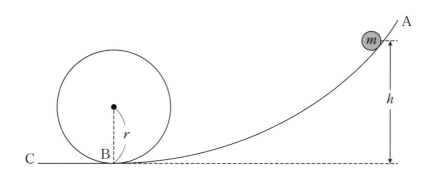

問 5　小球が円形レールの最高点を通過するための h の最小値はどのように表されるか。正しいものを，次の①〜⑥の中から一つ選びなさい。　　　　　　　$\boxed{5}$

①　$2r$

②　$3r$

③　$4r$

④　$\dfrac{5}{2}r$

⑤　$\dfrac{5}{3}r$

⑥　$\dfrac{5}{4}r$

F　次の図のように，地球の中心 O のまわりを人工衛星が半径 $2R$，速さ v_0 で等速円運動している。ここで，人工衛星が点 A を通過するときに速度の方向に瞬間的に加速させたところ，人工衛星は地球を焦点の１つとし，近日点を点 A，遠日点を点 B とするだ円軌道を周回するようになった。地球の中心から点 B までの距離は $6R$ である。人工衛星のだ円軌道における点 A の速さを v_A，点 B の速さを v_B とする。ただし，地球を半径 R の一様な球とし，人工衛星にはたらく力は，地球との間の万有引力のみとする。

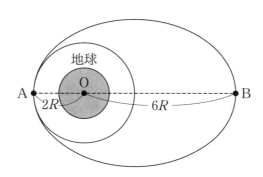

問 6　$\dfrac{v_A}{v_0}$ はいくらか。正しい値を，次の①～⑥の中から一つ選びなさい。　　　$\boxed{6}$

① $\dfrac{\sqrt{6}}{2}$　　　　　　② $\sqrt{2}$　　　　　　③ $\dfrac{3}{2}$

④ $\sqrt{6}$　　　　　　　⑤ $\dfrac{2\sqrt{6}}{3}$　　　　　⑥ 2

　　　次の問い **A**（**問1**），**B**（**問2**），**C**（**問3**）に答えなさい。

A　　熱容量が無視できる断熱容器の中に，－10℃の氷 100 g を入れ，50℃の水 400 g を
加えてしばらくすると，氷がすべて融けて一定温度の水になった。ただし，氷の比熱
を 2.1 J/(g・K)，水の比熱を 4.2 J/(g・K)，氷の融解熱を 334 J/g とする。

問1　最終的に水の温度は何℃になったか。最も適当な値を，次の①～⑥の中から一つ選
びなさい。　　　　　　　　　　　　　　　　　　　　　　　　　　　　　 **7** ℃

　　① 21　　　　　② 23　　　　　③ 25　　　　　④ 28　　　　　⑤ 30　　　　　⑥ 32

B 　次の図のように，容積 V の容器 A と容積 $3V$ の容器 B があり，容積や熱伝導の無視できる管でつながれている。最初に，2 つの容器全体に物質量 n_0 の単原子分子理想気体を閉じ込めたところ，気体の絶対温度は T_0 であった。次に，容器 B の気体の絶対温度を T_0 に保ったまま，容器 A を加熱して A 内の気体の絶対温度を $2T_0$ に保ち，状態が変化しなくなるまで放置した。ただし，気体定数を R とする。

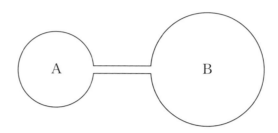

問 2　加熱による気体全体の内部エネルギーの増加量はどのように表されるか。正しいものを，次の①〜⑥の中から一つ選びなさい。　**8**

①　$\dfrac{1}{14}n_0 R T_0$ 　　　②　$\dfrac{3}{14}n_0 R T_0$ 　　　③　$\dfrac{5}{14}n_0 R T_0$

④　$\dfrac{1}{2}n_0 R T_0$ 　　　⑤　$\dfrac{9}{14}n_0 R T_0$ 　　　⑥　$\dfrac{15}{14}n_0 R T_0$

C　次の図のように，一定量の単原子分子理想気体を，A → B → C → A の順にゆっくりと変化させた。A → B は定積変化，B → C は等温変化，C → A は定圧変化で，B → C で気体は外部に対して $\dfrac{10}{3} p_0 V_0$ の仕事をした。

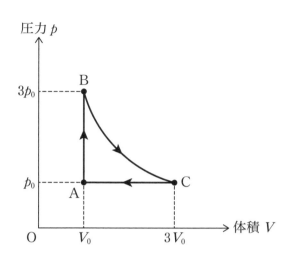

問3　このサイクルを熱機関とみなしたときの熱効率はいくらか。最も適当な値を，次の①〜⑥の中から一つ選びなさい。　**9**

① 0.10　　　　② 0.12　　　　③ 0.14

④ 0.16　　　　⑤ 0.18　　　　⑥ 0.21

$\boxed{\text{III}}$ 次の問い **A**（**問1**），**B**（**問2**），**C**（**問3**）に答えなさい。

A　x軸の負の向きに速さ $25\,\mathrm{cm/s}$ で進む正弦波があり，次の図は時刻 $t = 0\,\mathrm{s}$ における波形（媒質の位置 x〔cm〕と変位 y〔cm〕の関係）を示したものである。

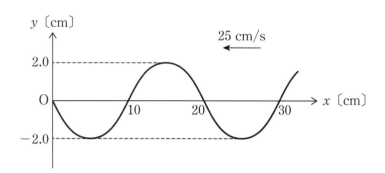

問1　時刻 t〔s〕における位置 x〔cm〕での媒質の変位 y〔cm〕はどのように表されるか。最も適当なものを，次の①～⑧の中から一つ選びなさい。　$\boxed{10}$

①　$y = 2.0\sin 2\pi\left(\dfrac{5t}{4} - \dfrac{x}{20}\right)$

②　$y = 2.0\sin 2\pi\left(\dfrac{5t}{2} - \dfrac{x}{20}\right)$

③　$y = 2.0\sin 2\pi\left(\dfrac{5t}{4} + \dfrac{x}{20}\right)$

④　$y = 2.0\sin 2\pi\left(\dfrac{5t}{2} + \dfrac{x}{20}\right)$

⑤　$y = -2.0\sin 2\pi\left(\dfrac{5t}{4} - \dfrac{x}{20}\right)$

⑥　$y = -2.0\sin 2\pi\left(\dfrac{5t}{2} - \dfrac{x}{20}\right)$

⑦　$y = -2.0\sin 2\pi\left(\dfrac{5t}{4} + \dfrac{x}{20}\right)$

⑧　$y = -2.0\sin 2\pi\left(\dfrac{5t}{2} + \dfrac{x}{20}\right)$

B　内径が一様な円筒形のガラス管の中に，自由に移動できるピストンをはめ込んで閉管とし，管口付近に置いたスピーカーから一定の振動数 f [Hz] の音を出す。最初に管口の位置にあったピストンをゆっくりと右に移動させていき，次の図のように，2回目の共鳴が起こった位置でピストンを固定した。図に示すように xy 軸をとり，ガラス管内の曲線は，時刻 $t = 0$ s における管内の定常波のようすで，縦波である空気の変位を横波として表したものである。ただし，x 軸の正の向きの変位を，y 軸の正の向きの変位としている。なお，開口端補正は無視できるものとする。

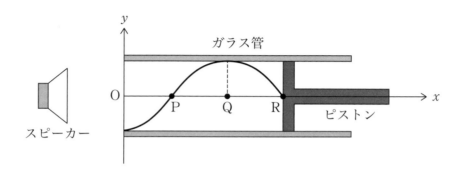

問2　時刻 $t = 0$ s および時刻 $t = \dfrac{3}{2f}$ [s] において，管内の空気が最も密である位置はそれぞれどこか。正しい組み合わせを，次の①〜⑨の中から一つ選びなさい。　**11**

	①	②	③	④	⑤	⑥	⑦	⑧	⑨
$t = 0$ s	P	P	P	Q	Q	Q	R	R	R
$t = \dfrac{3}{2f}$ [s]	P	Q	R	P	Q	R	P	Q	R

C 　次の図のように，空気（屈折率 1）中で波長 λ の単色光の光源を用いて，単スリット S_0 と複スリット S_1，S_2 を通してスクリーン上にできる干渉縞を観察した。複スリットの間隔は d，複スリットからスクリーンまでの距離は L で，S_0 から S_1，S_2 までの距離は等しく，S_1，S_2 からスクリーン上の点 O までの距離も等しい。次に，スリット S_1 に光が進む方向に垂直に屈折率 n（$n > 1$），厚さ a の透明な薄膜を置いて，スクリーン上の干渉縞を観察した。その結果，スクリーン上の点 O から距離 x の点 P では，薄膜を置く前には点 O から $(m+1)$ 番目の明線が観察されたが，薄膜を置いた後には点 O から m 番目の明線が観察された。ただし，d および x は L に比べてじゅうぶん小さいため，S_1P と S_2P の距離の差は $\dfrac{dx}{L}$ と表されるものとする。

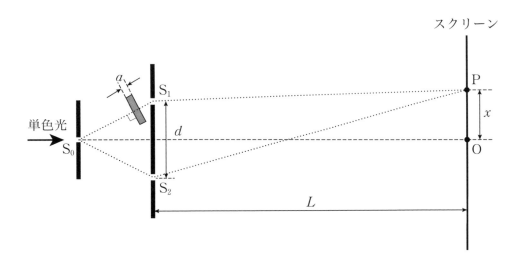

問3　このときの薄膜の厚さ a はどのように表されるか。正しいものを，次の①～⑥の中から一つ選びなさい。　　**12**

① $(n-1)\lambda$ 　　　　② $n\lambda$ 　　　　③ $(n+1)\lambda$

④ $\dfrac{\lambda}{n-1}$ 　　　　⑤ $\dfrac{\lambda}{n}$ 　　　　⑥ $\dfrac{\lambda}{n+1}$

$\boxed{\text{IV}}$　次の問い A（問1），B（問2），C（問3），D（問4），E（問5），F（問6）に答えなさい。

A　次の図のように，xy 座標の点 $A\left(\dfrac{a}{2},\ 0\right)$ に電気量 q_A の点電荷，点 $B\left(\dfrac{a}{2},\ \dfrac{\sqrt{3}}{2}a\right)$ に電気量 q_B の点電荷が置かれている。この 2 つの点電荷によって点 $C\left(0,\ \dfrac{\sqrt{3}}{2}a\right)$ につくられる電場は正の y 成分しかもたない。

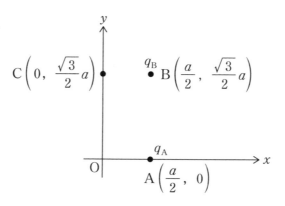

問1　電気量 q_B は正か負か。また，$\left|\dfrac{q_A}{q_B}\right|$ はいくらか。正しい組み合わせを，次の①〜⑥の中から一つ選びなさい。　$\boxed{\textbf{13}}$

	①	②	③	④	⑤	⑥
q_B	正	正	正	負	負	負
$\left\|\dfrac{q_A}{q_B}\right\|$	2	4	8	2	4	8

B　次の図のように，内部抵抗の無視できる起電力 V_0 の電源，電気容量 C, $2C$ のコンデンサー，抵抗値 R, R, $2R$ の抵抗，およびスイッチSからなる回路をつくった。2個のコンデンサーに電荷が蓄えられていない状態から，下の(a), (b)の操作を順におこなった。ただし，操作(b)により失われた静電エネルギーはすべて抵抗で消費されたものとする。

(a)　スイッチSを端子aに接続して，じゅうぶん時間を経過させた。

(b)　スイッチSを端子aから端子bに切り換えて，じゅうぶん時間を経過させた。

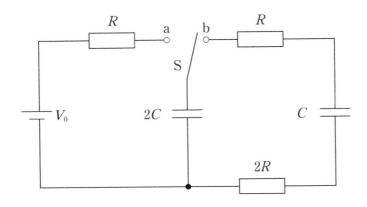

問 2　操作(b)の後の 2 つのコンデンサーの静電エネルギーの和はどのように表されるか。正しいものを，次の①～⑥の中から一つ選びなさい。　$\boxed{14}$

①　$\dfrac{1}{9}CV_0^2$

②　$\dfrac{2}{9}CV_0^2$

③　$\dfrac{1}{3}CV_0^2$

④　$\dfrac{4}{9}CV_0^2$

⑤　$\dfrac{2}{3}CV_0^2$

⑥　$\dfrac{8}{9}CV_0^2$

C 次の図のように，内部抵抗 r_A の電流計と内部抵抗 r_V の電圧計を用いて，抵抗 X の抵抗値を測定するための回路をつくった。電圧計の読みを V，電流計の読みを I とするとき，$\dfrac{V}{I}$ の値を R_X とし，抵抗 X の真の抵抗値を R とする。

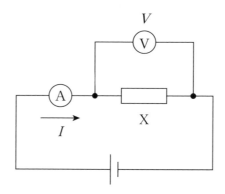

問3 R_X はどのように表されるか。正しいものを，次の①～④の中から一つ選びなさい。

15

① $R + r_A$　　② $R + r_V$　　③ $\dfrac{Rr_A}{R+r_A}$　　④ $\dfrac{Rr_V}{R+r_V}$

D　次の図のように，密に巻かれた巻き数 N，一定の長さ L のソレノイドに，起電力 E，内部抵抗 r の電池を接続した。ソレノイドの抵抗は巻き数 N の2乗に比例し，電池の起電力や内部抵抗は一定で，発熱による導線の抵抗率や体積の変化はないものとする。

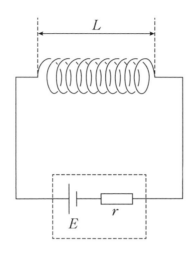

問4　N を変化させたとき，ソレノイド内部に生じる磁場の強さ H はどうなるか。最も適当なグラフを，次の①～⑤の中から一つ選びなさい。　**16**

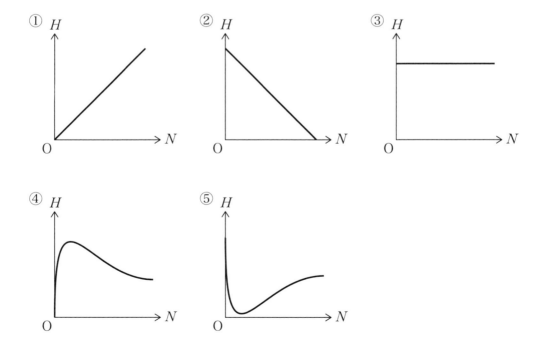

E　次の図のように，紙面に垂直で表から裏の向きの一様な磁場の領域がある。この領域に電位差 V で加速した電子を垂直に入射させると，電子は領域内で半径 r の円軌道を描く。まず，電子を電位差 V_1 で加速すると，電子の描く円軌道の半径は r_1 になった。次に，同様にして電位差 V_2 で加速すると，円軌道の半径は r_2 になった。ただし，磁場の領域はじゅうぶんに広いものとする。

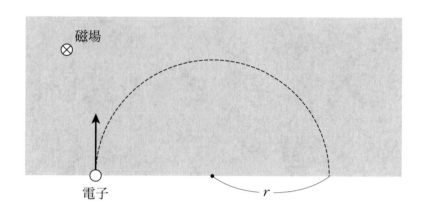

問 5　$\dfrac{r_2}{r_1}$ はどのように表されるか。正しい値を，次の①〜⑥の中から一つ選びなさい。

17

①　$\dfrac{V_2}{V_1}$ 　　　　　②　$\dfrac{V_1}{V_2}$ 　　　　　③　$\sqrt{\dfrac{V_2}{V_1}}$

④　$\sqrt{\dfrac{V_1}{V_2}}$ 　　　　⑤　$\dfrac{V_2{}^2}{V_1{}^2}$ 　　　　⑥　$\dfrac{V_1{}^2}{V_2{}^2}$

F　図1のように，磁束密度 $2B$ で紙面に垂直で裏から表の向きの一様な磁場の領域1と，磁束密度 B で紙面に垂直で表から裏の向きの一様な磁場の領域2が隣接していて，その左側には磁場がない領域3がある。ここで，半径 a，中心角 $\dfrac{\pi}{2}$ の扇形のコイルを3つの領域が接する点 O を中心として紙面内で一定の角速度 ω で回転させた。扇の円弧を PQ とし，OP が領域1と領域3の境界に一致する時刻を $t=0$ とし，O→P→Q→O の向きを誘導起電力 V の正の向きとしたとき，V と $t\left(0 \leqq t \leqq \dfrac{3\pi}{2\omega}\right)$ の関係を表すグラフが図2のようになった。半径 r，中心角 θ の扇の面積は $\pi r^2 \cdot \dfrac{\theta}{2\pi}$ で表され，コイルの自己誘導は無視できるものとする。

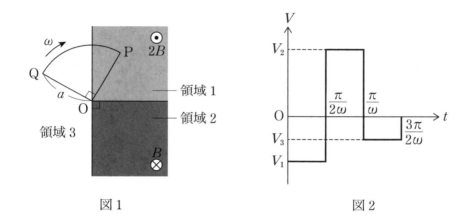

図1　　　　　　　　　　　　　　　図2

問 6　V_2 はどのように表されるか。正しいものを，次の①～⑥の中から一つ選びなさい。

18

① $\dfrac{1}{2}Ba^2\omega$　　　　② $\dfrac{3}{4}Ba^2\omega$　　　　③ $Ba^2\omega$

④ $\dfrac{3}{2}Ba^2\omega$　　　　⑤ $2Ba^2\omega$　　　　⑥ $3Ba^2\omega$

$\boxed{\text{V}}$　　次の問い **A**（**問1**）に答えなさい。

A　${}^{14}_{6}\text{C}$ は炭素の放射性同位体で，半減期 5730 年で β 崩壊する。${}^{14}_{6}\text{C}$ はその生成と崩壊のバランスにより，炭素 1 g あたり毎分 15.3 個の β 崩壊が起こる量に相当する割合で大気中に含まれており，この割合は長い年月の間，ほぼ一定に保たれているものとする。${}^{14}_{6}\text{C}$ は生きている生物体にも大気中と同じ割合で存在するが，生物体が死ぬと，その時点から ${}^{14}_{6}\text{C}$ を新たに取り込めなくなり，体内にある ${}^{14}_{6}\text{C}$ の割合は半減期に従って減少する。ある遺跡から見つかった木片に含まれる炭素を調べると，炭素 1 g あたり毎分 4.6 個の割合で ${}^{14}_{6}\text{C}$ の β 崩壊が起きていた。なお，必要に応じて下のグラフから数値を読み取ってもよい。

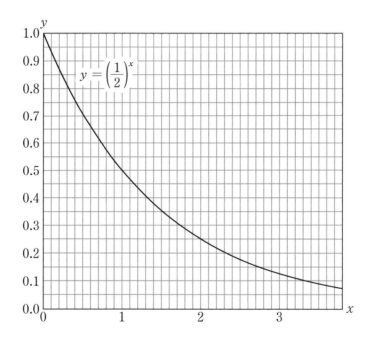

問1　この木片で ${}^{14}_{6}\text{C}$ の取り込みが止まったのは，今から約何年前か。最も適当な値を，次の①〜⑤の中から一つ選びなさい。　　$\boxed{19}$ 年前

①　7.4×10^3　　　　②　8.6×10^3　　　　③　1.0×10^4

④　1.2×10^4　　　　⑤　1.4×10^4

模擬試験

第7回

$\boxed{\text{I}}$　次の問い A（問1），B（問2），C（問3），D（問4），E（問5），F（問6）に答えなさい。ただし，重力加速度の大きさを g とし，空気の抵抗は無視できるものとする。

A　次の図のように，水平面から 30° 傾いたなめらかな斜面がある。この斜面と水平面との交線を x 軸とし，斜面に沿って上向きに y 軸をとる。原点 O から斜面に沿って x 軸と 60° をなす向きに，速さ v_0 で小球を打ち出したところ，小球は最高点 P から x 軸に平行に斜面を飛び出した。なお，図中の点線は小球の運動の軌跡を表している。

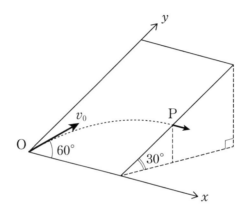

問1　最高点 P の水平面からの高さはどのように表されるか。正しいものを，次の①～⑧の中から一つ選びなさい。　$\boxed{1}$

①　$\dfrac{v_0^2}{8g}$　　　　②　$\dfrac{\sqrt{3}\,v_0^2}{8g}$　　　　③　$\dfrac{3v_0^2}{8g}$　　　　④　$\dfrac{3\sqrt{3}\,v_0^2}{8g}$

⑤　$\dfrac{v_0^2}{4g}$　　　　⑥　$\dfrac{\sqrt{3}\,v_0^2}{4g}$　　　　⑦　$\dfrac{3v_0^2}{4g}$　　　　⑧　$\dfrac{3\sqrt{3}\,v_0^2}{4g}$

B　一辺の長さが a の立方体の形状をした質量 m の一様な物体が粗い水平面上に置かれており，次の図は物体の重心を通り鉛直で立方体の面に平行な断面を示している。図のように，点 A に水平方向と $45°$ をなす向きに大きさ F の力を加えた。F を徐々に大きくしたところ，ある値をこえた瞬間に物体はすべることなく傾き始めた。

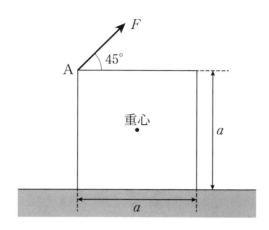

問 2　物体と水平面との間の静止摩擦係数 μ が満たす条件として最も適当なものを，次の①～⑥の中から一つ選びなさい。　**2**

①　$\mu \geqq \dfrac{1}{4}$　　　　　②　$\mu \geqq \dfrac{1}{3}$　　　　　③　$\mu \geqq \dfrac{\sqrt{2}}{4}$

④　$\mu \geqq \dfrac{\sqrt{2}}{3}$　　　　　⑤　$\mu \geqq \dfrac{1}{2}$　　　　　⑥　$\mu \geqq \dfrac{\sqrt{2}}{2}$

C 次の図のように，質量 M の物体 A と質量 m $\left(> \dfrac{1}{2}M\right)$ の物体Bを軽くて伸び縮みしないひもでつなぎ，Aを傾きが30°のなめらかな斜面上に置いて手で支え，なめらかに回転する滑車を介してBをつるした。手を静かにはなすと物体Aは斜面に沿って上向きに動いた。

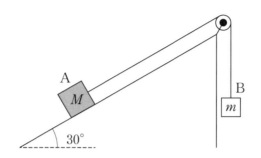

問3 物体 A が斜面を距離 ℓ だけ移動したとき，物体Bの速さはどのように表されるか。正しいものを，次の①〜⑥の中から一つ選びなさい。　　　　$\boxed{3}$

① $\sqrt{\dfrac{2m-M}{m+M}g\ell}$　　　　② $\sqrt{\dfrac{2m-M}{2m+M}g\ell}$　　　　③ $\sqrt{\dfrac{2m-M}{m+2M}g\ell}$

④ $\sqrt{\dfrac{2m+M}{m+M}g\ell}$　　　　⑤ $\sqrt{\dfrac{2m+M}{2m-M}g\ell}$　　　　⑥ $\sqrt{\dfrac{2m+M}{m-2M}g\ell}$

D　図1のような，燃料を除いた質量 M の機体に，質量 $2M$ の燃料を搭載したロケットが速さ v で移動している。図2のように，燃料は燃焼ガスとして速さ u で後方へ瞬間的に噴射される。ここで，下の(a)，(b)の2つの方法で燃料を噴射してロケットを加速させることを考える。

(a)　質量 $2M$ の燃料を1回噴射する。

(b)　質量 M の燃料を1回噴射する。

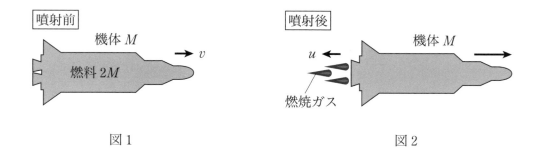

噴射前　機体 M　$\rightarrow v$　燃料 $2M$

噴射後　$u \leftarrow$　機体 M $\rightarrow$　燃焼ガス

図1　　　　　　　　図2

問4　(a)，(b)における噴射直後のロケットの速さをそれぞれ v_a，v_b とすると，$\dfrac{v_\mathrm{b}}{v_\mathrm{a}}$ はいくらか。正しいものを，次の①～⑥の中から一つ選びなさい。　**4**

①　$\dfrac{3v+2u}{3v+u}$　　　　②　$\dfrac{2(v+u)}{3v+u}$　　　　③　$\dfrac{3v+u}{3v+2u}$

④　$\dfrac{3(v+u)}{3v+2u}$　　　⑤　$\dfrac{2(3v+2u)}{3v+u}$　　　⑥　$\dfrac{3v+u}{2(3v+2u)}$

E 　次の図のように，水平面と $30°$ をなすなめらかな斜面の下端に，ばね定数 k の軽い ばねの一端を固定し，他端に質量 m の物体 A をつなぐと，ばねと物体はばねが縮ん だ状態でつり合い静止した。次に，A を手で支えてばねの縮みを保ったまま，同じ質 量 m の物体 B を A に接触させて斜面上に置いた。さらに，A から手をはなし B に力 を瞬間的に加えると，A と B が互いに接した状態で，初速度の大きさ v_0 で斜面に沿っ て下向きに動き始めた。v_0 がある値 v_1 より大きくなると，A と B が一体となって下 向きに動き始めた後，ばねが最初に自然長に戻ったときに B は A をはなれる。ただ し，この運動で物体 A が斜面の下端に衝突することはないものとする。

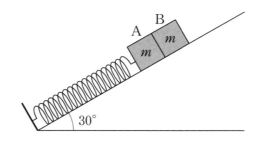

問5　v_1 はどのように表されるか。正しいものを，次の①〜⑥の中から一つ選びなさい。

〔 **5** 〕

① $\dfrac{g}{4}\sqrt{\dfrac{2m}{k}}$ 　　② $\dfrac{g}{4}\sqrt{\dfrac{3m}{k}}$ 　　③ $\dfrac{g}{4}\sqrt{\dfrac{6m}{k}}$

④ $\dfrac{g}{2}\sqrt{\dfrac{2m}{k}}$ 　　⑤ $\dfrac{g}{2}\sqrt{\dfrac{3m}{k}}$ 　　⑥ $\dfrac{g}{2}\sqrt{\dfrac{6m}{k}}$

F 次の図のように，地球のまわりを，軌道１で示す半径 $2R$，周期 T_1 で等速円運動する人工衛星がある。次に，軌道１上の点 A において，人工衛星を速度方向に瞬間的に加速させたところ，人工衛星は地球を焦点の１つとし，近日点を点 A，遠日点を点 B とするだ円の軌道２に移行した。地球の中心 O から点 B までの距離は $6R$ なので，だ円の長半径（半長軸）は $4R$ になり，また，軌道２での周期を T_2 とする。ただし，地球を半径 R の一様な球とし，人工衛星にはたらく力は，地球との間の万有引力のみとする。

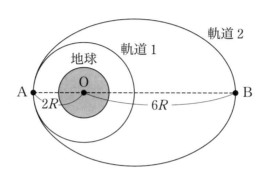

問6 $\dfrac{T_2}{T_1}$ はいくらか。正しい値を，次の①〜⑥の中から一つ選びなさい。　　**6**

① 2 　　　　　　　② $\sqrt{6}$ 　　　　　　　③ $2\sqrt{2}$

④ $2\sqrt{3}$ 　　　　　　⑤ 4 　　　　　　　⑥ $3\sqrt{2}$

$\boxed{\text{II}}$ 次の問い **A**（**問1**），**B**（**問2**），**C**（**問3**）に答えなさい。

A 次の図のような密閉した断熱容器の中に，質量 1.0 g の鉛の小片を 500 個入れて，容器の上下を手早く逆転させる動きを100回繰り返した。鉛の比熱を 0.13 J/(g·K)，重力加速度の大きさを 9.8 m/s² とし，鉛の小片が動ける断熱容器内側の長さを 1.0 m とする。空気および温度計を含む容器の熱容量は無視でき，断熱は完全であるものとする。また，この操作により鉛の小片に加えられた仕事はすべて鉛の小片がもつ熱エネルギーに変換されたものとする。

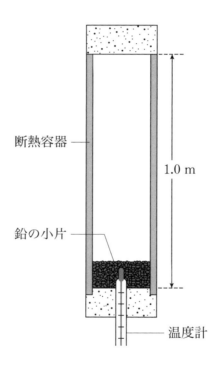

断熱容器

鉛の小片

1.0 m

温度計

問1 鉛の小片の温度は何℃上昇するか。最も適当な値を，次の①～⑥の中から一つ選びなさい。　　　　$\boxed{7}$ ℃

①　0.38 　　　　　②　0.75 　　　　　③　1.5

④　3.8 　　　　　⑤　7.5 　　　　　⑥　15

B 図1のように，質量 m，断面積 S のなめらかに動くピストンが付いたシリンダーが水平に置かれており，その中に体積 V_0 の単原子分子理想気体が封入されている。ピストンおよびシリンダーは断熱材でできており，気体は大気圧 p_0 の外気と断熱されている。このシリンダーをゆっくりと起こし図2のように鉛直に立てると，シリンダー内の気体の体積は V_1 になった。ただし，理想気体の断熱変化においては，圧力 p と体積 V の間に $pV^{\frac{5}{3}}=$（一定）の関係が成り立つものとする。

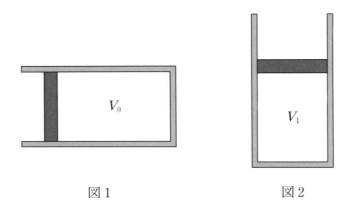

図1 　　　図2

問2 V_1 はどのように表されるか。正しいものを，次の①～⑥の中から一つ選びなさい。

8

① $\left(\dfrac{p_0 S}{p_0 S+mg}\right)^{\frac{2}{5}} V_0$

② $\left(\dfrac{p_0 S}{p_0 S-mg}\right)^{\frac{2}{5}} V_0$

③ $\left(1+\dfrac{mg}{p_0 S}\right)^{\frac{2}{5}} V_0$

④ $\left(\dfrac{p_0 S}{p_0 S+mg}\right)^{\frac{3}{5}} V_0$

⑤ $\left(\dfrac{p_0 S}{p_0 S-mg}\right)^{\frac{3}{5}} V_0$

⑥ $\left(1+\dfrac{mg}{p_0 S}\right)^{\frac{3}{5}} V_0$

C 一定量の理想気体をなめらかに動くピストンが付いたシリンダーに閉じ込めて，次の $V-T$ グラフのように，状態を A → B → C → A と変化させた。ただし，状態 A での圧力を p_0 とする。

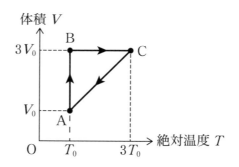

問 3 この状態変化を $p-V$ グラフで表すとどうなるか。最も適当なグラフを，次の①〜④の中から一つ選びなさい。　　　　　　　　　　　　　　**9**

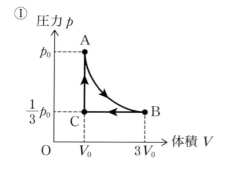

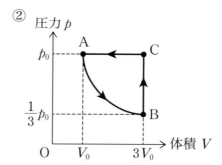

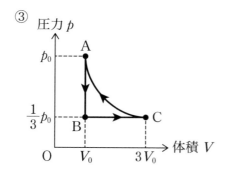

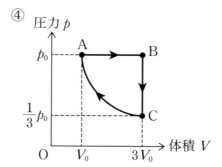

$\boxed{\text{III}}$　次の問い **A**（**問 1**），**B**（**問 2**），**C**（**問 3**）に答えなさい。

A　次の図のように，鉛直な壁で区切られた水面上の点 O に波源があり，波長 λ で一定の振動数の波が連続的に発生している。図中の線分 OA は長さ $\frac{5}{2}$λ で壁に垂直，線分 OP は長さ 12λ で壁と平行である。また，線分 AB と線分 BC の長さは等しい。波は壁で位相が変化しない自由端反射をし，波の減衰は無視できるものとする。

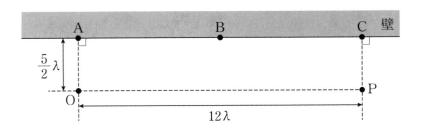

問 1　点 P において，波源から直接伝わる波と壁で反射されて伝わる反射波は強め合うか弱め合うか。また，この反射波は壁の点 A，B，C のうちどの点で反射しているか。正しい組み合わせを，次の①〜⑥の中から一つ選びなさい。　$\boxed{10}$

	点 P	反射する点
①	強め合う	A
②	強め合う	B
③	強め合う	C
④	弱め合う	A
⑤	弱め合う	B
⑥	弱め合う	C

B 次の図のように，同一直線上にある振動数 f の音源 A の音と振動数が不明な音源 B の音を，A と B の間にいる観測者 O が観測したところ，下の(a)～(c)の結果が得られた。

(a) A と B を固定したとき，1 秒間に n 回のうなりを観測した。

(b) B を固定し，A を同じ直線上で O から遠ざかる向きに一定の速さで移動させたところ，うなりが消えた。

(c) A と B を固定し，O が同じ直線上を一定の速さ v_0 で移動したところ，うなりが消えた。

ただし，(a)，(b)では O は静止しているものとし，空気中の音速を V とする。また，風の影響はないものとする。

問2 (c)において，観測者 O はどちら向きに移動したか。また，v_0 はどのように表されるか。正しい組み合わせを，次の①～⑥の中から一つ選びなさい。 **11**

	移動した向き	v_0
①	A に近づく向き	$\dfrac{n}{f-n}V$
②	A に近づく向き	$\dfrac{2n}{f-n}V$
③	A に近づく向き	$\dfrac{n}{2f-n}V$
④	B に近づく向き	$\dfrac{n}{f-n}V$
⑤	B に近づく向き	$\dfrac{2n}{f-n}V$
⑥	B に近づく向き	$\dfrac{n}{2f-n}V$

C 次の図のように，焦点距離 18 cm の凸レンズ L_1 と焦点距離が未知の凸レンズ L_2 を，光軸を一致させて 15 cm はなして置いた。F_1 は凸レンズ L_1 の焦点である。L_1 の前方 6 cm の位置に光源 O を置くと，凸レンズ L_1 によって正立の虚像ができ，凸レンズ L_2 はこの虚像を光源とみなす。その結果，L_2 の後方 24 cm のスクリーン S 上に鮮明な光源の像が観察された。

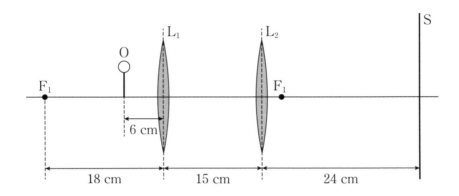

問 3 L_2 の焦点距離は何 cm か。最も適当な値を，次の①〜⑥の中から一つ選びなさい。

12 cm

① 4.8   ② 6   ③ 9.6

④ 12   ⑤ 14.4   ⑥ 18

$\boxed{\text{IV}}$ 　次の問い **A**（**問 1**），**B**（**問 2**），**C**（**問 3**），**D**（**問 4**），**E**（**問 5**），**F**（**問 6**）に答えなさい。

A 　次の図のように，x 軸上の原点 O と点 A $(-d, 0)$ $(d > 0)$ にそれぞれ電気量 Q，$-4Q$ $(Q > 0)$ の点電荷を固定した。原点 O から x 座標が正でじゅうぶんはなれた点（無限遠点）に，電気量 q $(q > 0)$，質量 m の点電荷 P を静かに置いたところ，x 軸上を負の向きに動き始め，$x = d$ で最大の速さとなり，x 座標が正の点 B で原点 O に最も接近した。ただし，クーロンの法則の比例定数を k とし，点電荷には静電気力以外の力ははたらかないものとする。

問 1 　$x = d$ での最大の速さはどのように表されるか。また，点 B の x 座標はどのように表されるか。正しい組み合わせを，次の①〜⑥の中から一つ選びなさい。 $\boxed{\textbf{13}}$

	①	②	③	④	⑤	⑥
最大の速さ	$\sqrt{\dfrac{2kqQ}{md}}$	$\sqrt{\dfrac{2kqQ}{md}}$	$\sqrt{\dfrac{2kqQ}{md}}$	$\sqrt{\dfrac{6kqQ}{md}}$	$\sqrt{\dfrac{6kqQ}{md}}$	$\sqrt{\dfrac{6kqQ}{md}}$
点 B の x 座標	$\dfrac{d}{4}$	$\dfrac{d}{3}$	$\dfrac{d}{2}$	$\dfrac{d}{4}$	$\dfrac{d}{3}$	$\dfrac{d}{2}$

B　次の図のような，間隔 d で向かい合った極板の面積を同時に変えることができる平行板コンデンサーを考える。両極板は，同じ奥行き a の2枚の薄い導体板が部分的に重なり，左右の端には絶縁性の側板が取り付けられ，d が一定のまま導体板の重なりを調整することができる。最初に，極板の長さを ℓ とし，極板に電荷が蓄えられていない状態からスイッチ K を閉じて内部抵抗の無視できる起電力 V の電池とつないだ。じゅうぶんに時間が経過した状態を状態1とする。次に，K を閉じたまま側板に外力を加えて極板の長さを $\ell + \Delta\ell$ に微小変化させ，じゅうぶんに時間が経過した状態を状態2とする。ただし，空気の誘電率を ε とし，極板間の電場は一様で，部分的に重なっている導体板は接しているが摩擦なしにすべらすことができるものとする。

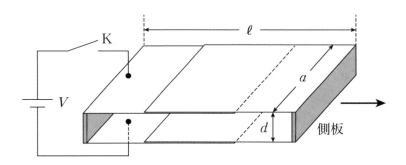

問2　状態1から状態2になることでコンデンサーに蓄えられた静電エネルギーの変化量 ΔU，および電池がした仕事 W は，それぞれどのように表されるか。正しい組み合わせを，次の①〜⑥の中から一つ選びなさい。ただし，$\dfrac{\varepsilon a V^2}{2d} = F$ とする。　**14**

	ΔU	W
①	$-F\Delta\ell$	$F\Delta\ell$
②	$-F\Delta\ell$	$2F\Delta\ell$
③	$-2F\Delta\ell$	$F\Delta\ell$
④	$F\Delta\ell$	$-F\Delta\ell$
⑤	$F\Delta\ell$	$2F\Delta\ell$
⑥	$2F\Delta\ell$	$F\Delta\ell$

C   図1のように，半導体ダイオード4個，抵抗2個，交流電源を接続して回路をつくった。Dに対するAの電位が図2(a)となるような交流電源をAD間に接続したところ，A〜Dのうち，ある2つの端子間の電位の出力波形が図2(b)のようになった。ただし，半導体ダイオードには順方向にのみ電流が流れ，逆方向には流れないものとする。

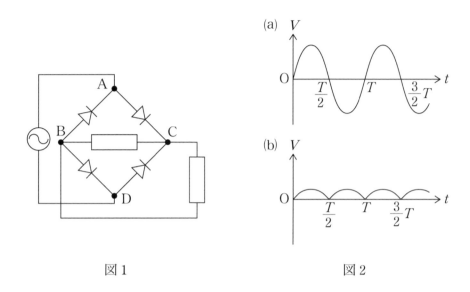

図1   図2

問3   図2(b)の出力波形となる2つの端子は，A〜Dのうちのどれとどれか。電位の高低を含めて正しい組み合わせを，次の①〜⑧の中から一つ選びなさい。   **15**

	①	②	③	④	⑤	⑥	⑦	⑧
高電位側	A	B	A	D	B	C	B	D
低電位側	B	A	D	A	C	B	D	B

D 図1のように，紙面上に一辺の長さが a である正三角形の頂点を通り，紙面に垂直で互いに平行な3本のじゅうぶんに長い直線導線 A，B，C がある。導線 A には紙面の表から裏の向き（記号⊗）に大きさ $2I$ の電流を，導線 B，C には紙面の裏から表の向き（記号⊙）に大きさ I の電流を流した。

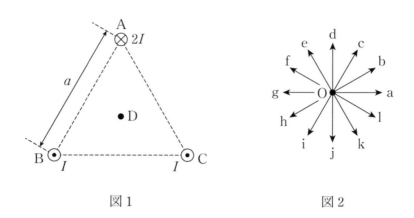

図1　　　　　　　　　図2

問4 正三角形の重心である点 D における磁場はどの向きか。また，導線 A，B を流れる電流によって発生する磁場から導線 C が受ける力の合力はどの向きか。正しい組み合わせを，次の①〜⑧の中から一つ選びなさい。ただし，向きは図2の点 O を始点とした矢印 a 〜 l で表すものとする。　　**16**

	①	②	③	④	⑤	⑥	⑦	⑧
磁場の向き	a	a	a	a	g	g	g	g
合力の向き	b	c	d	f	h	i	j	l

E 　次の図のように，xy 平面に対して垂直で紙面の裏から表の向きに磁束密度 B の一様な磁場がかかった領域で，質量 m，電気量 q（$q>0$）の荷電粒子を y 軸上の点 A から y 軸の正の向きに速さ v で打ち出したところ，荷電粒子は xy 平面で等速円運動を始めた。その後，荷電粒子は x 軸と $135°$ をなす角度で x 軸を通過した。ただし，重力の影響は無視できるものとする。

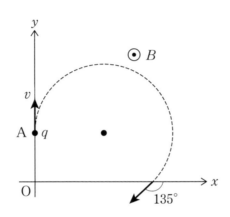

問 5　最初に x 軸を通過するまでの時間はどのように表されるか。正しいものを，次の①〜⑥の中から一つ選びなさい。　**17**

① $\dfrac{3\pi m}{8qB}$　　　② $\dfrac{5\pi m}{8qB}$　　　③ $\dfrac{3\pi m}{4qB}$

④ $\dfrac{5\pi m}{4qB}$　　　⑤ $\dfrac{7\pi m}{8qB}$　　　⑥ $\dfrac{7\pi m}{4qB}$

F　次の図のように，真空中に 2 つの円形の 1 巻きコイルがあり，半径 a のコイル A と半径 b のコイル B をコイルの中心が一致するように同じ平面上に置いた。ただし，A のコイル面の面積は B のコイル面の面積よりもじゅうぶんに大きいので，コイル A によって発生する磁場は，コイル B の中では均一とみなせるものとし，真空の透磁率を μ_0 とする。

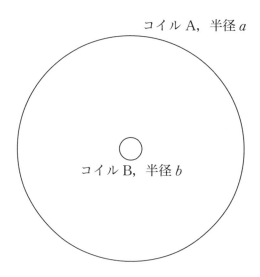

コイル A，半径 a

コイル B，半径 b

問6　2 つのコイルの相互インダクタンスはどのように表されるか。正しいものを，次の ①〜⑥ の中から一つ選びなさい。　　**18**

① $\dfrac{\mu_0 \pi b^2}{2a}$

② $\dfrac{\mu_0 a^2}{2\pi b}$

③ $\dfrac{2\mu_0 a^2}{\pi b}$

④ $\dfrac{\mu_0 b^2}{2a}$

⑤ $\dfrac{\mu_0 a^2}{2b}$

⑥ $\dfrac{2\mu_0 a^2}{b}$

$\boxed{\text{V}}$　　　次の問い **A**（**問1**）に答えなさい。

A　　図1のような光電効果を調べる装置で，振動数 1.6×10^{15} Hz の紫外線を電極bに当て，電極aの電圧 V を変化させて光電流 I を測定したところ，図2のようなグラフが得られた。電極aと電極bは同じ種類の金属とし，電気素量を 1.6×10^{-19} C，プランク定数を 6.6×10^{-34} J·s とする。

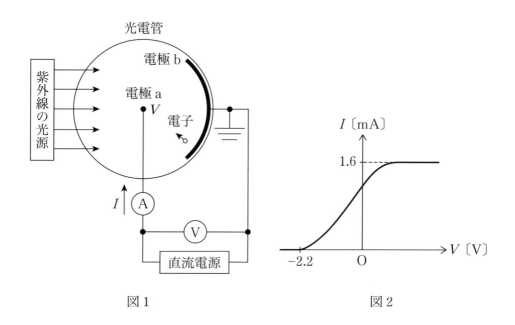

図1　　　　　　　　　　　　　　　図2

問1　電極bの金属の仕事関数は何 eV か。最も適当な値を，次の①〜⑥の中から一つ選びなさい。　　　　　　　　　　　　　　　　　　　　　　　　　$\boxed{19}$ eV

① 1.1　　　　　　② 2.2　　　　　　③ 3.3

④ 4.4　　　　　　⑤ 5.5　　　　　　⑥ 6.6

模擬試験

第8回

$\boxed{\text{I}}$ 次の問い A（問1），B（問2），C（問3），D（問4），E（問5），F（問6）に答えなさい。ただし，重力加速度の大きさを g とし，A（問1）以外は空気の抵抗は無視できるものとする。

A 地上よりじゅうぶん高いところから人が静かに落下を開始し，ある瞬間にパラシュートを開いた。パラシュートを開くことによって，時間とともに変化する落下の速さ v に比例する鉛直上向きで大きさ kv（k は正の定数）の空気抵抗がはたらき，最終的に人は一定の速さ v_1 で落下して地上に降り立つ。

問1 最終的な速さ v_1 はどのように表されるか。また，パラシュートを開いてから一定の速さ v_1 になるまでの間の加速度は鉛直上向きか，下向きか。正しい組み合わせを，次の①〜⑥の中から一つ選びなさい。　$\boxed{1}$

	①	②	③	④	⑤	⑥
v_1	$\dfrac{mg}{2k}$	$\dfrac{mg}{2k}$	$\dfrac{mg}{k}$	$\dfrac{mg}{k}$	$\dfrac{2mg}{k}$	$\dfrac{2mg}{k}$
加速度の向き	上向き	下向き	上向き	下向き	上向き	下向き

B 次の図のように，長さ 4ℓ，質量 $2m$ の一様でまっすぐな棒 AB の左端 A を粗い鉛直な壁に押し当て，右端 B に軽くて伸び縮みしない糸をとり付け，糸の他端を壁に固定した。棒の左端 A から距離 3ℓ にある棒上の点 C に質量 m の小球をつると，棒が壁に垂直な状態でつり合って静止した。このとき，棒と糸のなす角を θ とする。ただし，棒と糸は壁に垂直な鉛直面内にあるものとする。

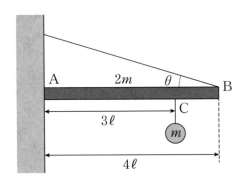

問2 棒の左端 A にはたらく壁からの摩擦力と垂直抗力の合力を抗力という。この抗力が棒から角 α の向きであるとすると，$\tan\alpha$ はどのように表されるか。正しいものを，次の①〜⑥の中から一つ選びなさい。 **2**

①　$\dfrac{3}{5}\tan\theta$　　　　②　$\dfrac{2}{3}\tan\theta$　　　　③　$\dfrac{5}{7}\tan\theta$

④　$\dfrac{7}{9}\tan\theta$　　　　⑤　$\dfrac{4}{5}\tan\theta$　　　　⑥　$\dfrac{9}{11}\tan\theta$

C　次の図のように，水平面と角度 θ をなす粗い斜面の下端 A から，物体を斜面に沿って初速度 v_0 ですべりあがらせたところ，物体は最高点 B に達した後，斜面をすべりおり，下端 A に戻ってきた。物体と斜面との間の動摩擦係数を μ とする。

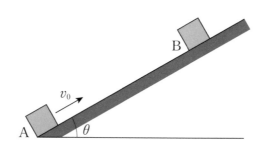

問3　物体が最高点 B から下端 A に戻るまでの所要時間はどのように表されるか。正しいものを，次の①～⑥の中から一つ選びなさい。　　　　　**3**

①　$\dfrac{v_0}{g(\sin\theta - \mu\cos\theta)}$

②　$\dfrac{v_0}{g(\sin\theta + \mu\cos\theta)}$

③　$\dfrac{v_0}{g}\sqrt{\dfrac{\sin\theta - \mu\cos\theta}{\sin\theta + \mu\cos\theta}}$

④　$\dfrac{v_0}{g}\sqrt{\dfrac{\sin\theta + \mu\cos\theta}{\sin\theta - \mu\cos\theta}}$

⑤　$\dfrac{v_0\mu\cos\theta}{g\sin\theta}$

⑥　$\dfrac{v_0}{g\sqrt{\sin^2\theta - \mu^2\cos^2\theta}}$

D　次の図のように，なめらかな水平面上を東向きに速さ v_0 で進んできた質量 $8m$ の物体 A が，点 O で物体 B と物体 C に分裂した。質量 $3m$ の物体 B は東から $60°$ だけ北向きに速さ $\dfrac{4}{3}v_0$ で進み，質量 $5m$ の物体 C は東から角度 θ だけ南向きに速さ v で進んだ。

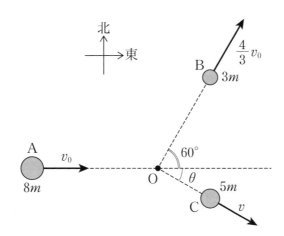

問4　v はどのように表されるか。正しいものを，次の①～⑥の中から一つ選びなさい。

4

①　$\dfrac{3\sqrt{5}}{5}v_0$

②　$\dfrac{4\sqrt{3}}{5}v_0$

③　$\dfrac{7}{5}v_0$

④　$\sqrt{2}\,v_0$

⑤　$\dfrac{2\sqrt{13}}{5}v_0$

⑥　$\dfrac{3\sqrt{6}}{5}v_0$

E　次の図のように，なめらかな水平面上に x 軸をとり，点 A $(-\ell)$，点 B(ℓ)にばね定数 k で自然長 ℓ の軽い 2 本のばねの一端をそれぞれ固定した。また，それぞれのばねの他端に質量 m の小球を取り付けて 2 本のばねをつないだ。時刻 $t=0$ に小球を点 C$(-a)$$(0<a<\ell)$ で静かにはなすと，小球は x 軸上を運動し始めた。ただし，小球の大きさは考えないものとする。

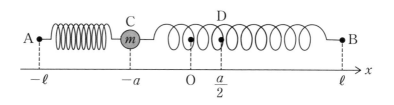

問 5　小球が点 D $\left(\dfrac{a}{2}\right)$ を最初に通過する時刻はどのように表されるか。正しいものを，次の①〜⑥の中から一つ選びなさい。

①　$\dfrac{3\pi}{8}\sqrt{\dfrac{m}{2k}}$

②　$\dfrac{3\pi}{8}\sqrt{\dfrac{m}{k}}$

③　$\dfrac{3\pi}{8}\sqrt{\dfrac{2m}{k}}$

④　$\dfrac{\pi}{3}\sqrt{\dfrac{m}{2k}}$

⑤　$\dfrac{\pi}{3}\sqrt{\dfrac{m}{k}}$

⑥　$\dfrac{\pi}{3}\sqrt{\dfrac{2m}{k}}$

F　次の図のように，質量 m のおもりが長さ L の軽くて伸び縮みしない糸の一端につながれ，他端を電車の天井に固定されている。電車が下の(a)，(b)，(c)の運動をしているとき，電車内から見たおもりのつり合いの位置を中心とした微小振動（単振り子）の周期をそれぞれ T_a，T_b，T_c とする。

(a)　水平面上を右向きに速さ v で等速度運動をしている。

(b)　水平面上を右向きに加速度の大きさ $g\tan\alpha$ の等加速度運動をしている。

(c)　水平面となす角が α の斜面上を，重力の作用により加速度の大きさ $g\sin\alpha$ で下っている。ただし，$0° < \alpha < 90°$ とする。

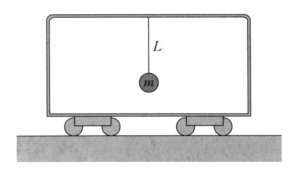

問 6　T_a，T_b，T_c の間の大小関係として正しいものを，次の①〜⑥の中から一つ選びなさい。　6

①　$T_a < T_b < T_c$ 　　　②　$T_a < T_c < T_b$ 　　　③　$T_b < T_a < T_c$

④　$T_b < T_c < T_a$ 　　　⑤　$T_c < T_a < T_b$ 　　　⑥　$T_c < T_b < T_a$

Ⅱ　次の問い A（**問1**），B（**問2**），C（**問3**）に答えなさい。

A　熱容量が無視できる容器の中に，−10 ℃の氷 50 g を入れ，20 ℃の水 150 g を加えてしばらく置いたところ，最終的に全体が 0 ℃になった。ただし，氷の比熱を 2.1 J/(g·K)，水の比熱を 4.2 J/(g·K)，氷の融解熱を 3.3×10^2 J/g とし，熱は容器の外部に逃げないものとする。

問1　最終的に残っている氷は何 g か。最も適当な値を，次の①〜⑥の中から一つ選びなさい。　　　　　　　7 g

①　10　　　　　　　　②　15　　　　　　　　③　20

④　25　　　　　　　　⑤　30　　　　　　　　⑥　35

B 次の図のように，内側の半径が r の球形の容器の中に，質量 m の単原子分子 N 個からなる理想気体が入っている。分子の速さはすべて v で，分子どうしの衝突はなく，分子は容器内のなめらかな壁と弾性衝突し，衝突から次の衝突までの間，分子は等速度運動をするものとする。次の図のように，入射角 θ で壁に衝突する1個の分子が，単位時間の間に壁全体に与える力積の大きさを考えることにより，全分子が壁に与えている力の大きさ F を求めることができる。ただし，重力の影響は考えないものとする。

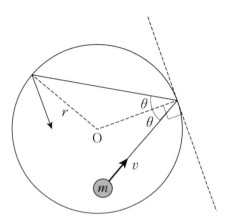

問2 F はどのように表されるか。正しいものを，次の①～⑥の中から一つ選びなさい。

8

① $\dfrac{Nmv^2}{2r}$ ② $\dfrac{Nmv^2}{r}$ ③ $\dfrac{2Nmv^2}{r}$

④ $\dfrac{Nmv^2\cos\theta}{2r}$ ⑤ $\dfrac{Nmv^2\cos\theta}{r}$ ⑥ $\dfrac{2Nmv^2\cos\theta}{2r}$

C　一定量の単原子分子理想気体を，次の図のように A → B → C → D → A の順にゆっくりと変化させた。A → B は定積変化，B → C は断熱変化，C → D は定圧変化，D → A は断熱変化である。状態 A，B，C，D における絶対温度をそれぞれ T_A，T_B，T_C，T_D とする。

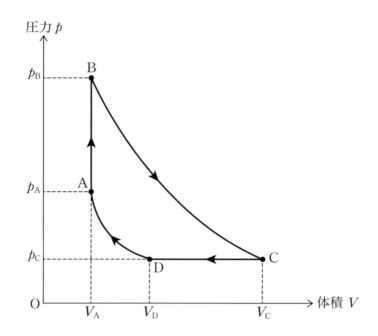

問3　このサイクルを熱機関とみなしたときの熱効率はどのように表されるか。正しいものを，次の①〜⑥の中から一つ選びなさい。　**9**

① $1 - \dfrac{T_C - T_D}{T_B - T_A}$　　② $1 - \dfrac{T_A - T_D}{T_B - T_C}$　　③ $1 - \dfrac{3(T_C - T_D)}{5(T_B - T_A)}$

④ $1 - \dfrac{3(T_A - T_D)}{5(T_B - T_C)}$　　⑤ $1 - \dfrac{5(T_C - T_D)}{3(T_B - T_A)}$　　⑥ $1 - \dfrac{5(T_A - T_D)}{3(T_B - T_C)}$

$\boxed{\text{III}}$ 次の問い **A**（**問1**），**B**（**問2**），**C**（**問3**）に答えなさい。

A 次の図のように，x 軸上を正の向きに速さ $1\,\mathrm{cm/s}$ で進む長さ $8\,\mathrm{cm}$ の三角パルス波がある。y 軸の位置に反射板 P が置かれていて，パルス波は反射板を固定端として反射する。パルス波の先端が反射板 P に達した時刻を $t = 0\,\mathrm{s}$ とする。

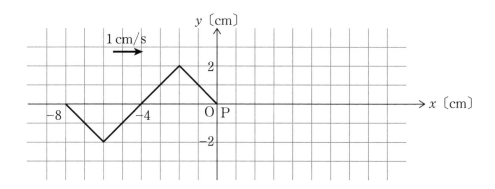

問1 時刻 $t = 5\,\mathrm{s}$ における入射波と反射波の合成波の波形はどのようになるか。最も適当なものを，次の①〜⑥の中から一つ選びなさい。なお，図の1目盛りは $1\,\mathrm{cm}$ を表している。 $\boxed{10}$

①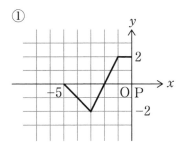

②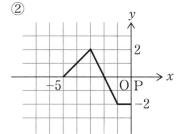

③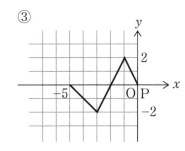

④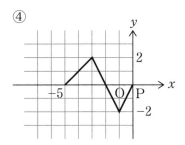

⑤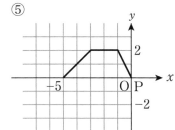

⑥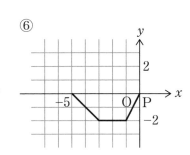

B　次の図のように，長さ 60 cm のガラス製の閉管がある。管口近くにスピーカーを置き，スピーカーの振動数を 400 Hz から 800 Hz までゆっくりと増加させたところ，435 Hz と 725 Hz のみで共鳴が起こった。ただし，ガラス管内の温度は一定で，開口端補正は無視できるものとする。

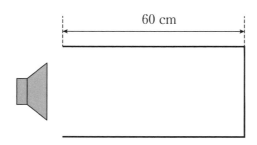

問2　ガラス管内の音速は何 m/s か。最も適当な値を，次の①〜⑥の中から一つ選びなさい。　|11| m/s

①　340　　　　　　②　342　　　　　　③　344

④　346　　　　　　⑤　348　　　　　　⑥　350

C 次の図のように，じゅうぶんに深い容器の中に液体A（屈折率 n）を入れ，液面上の点Oから深さ h の位置に点光源Pを固定した。点Oを中心とする半径 R の不透明な円板で液面を覆ったところ，点光源Pは上方の空気中（屈折率1）のどこからも見えなくなった。ただし，$n > 1$ とする。

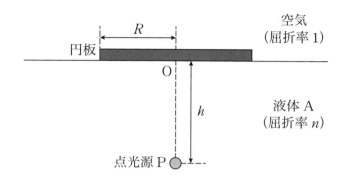

問3 R の最小値はどのように表されるか。正しいものを，次の①〜⑥の中から一つ選びなさい。 **12**

① $\dfrac{h}{n}$

② $\dfrac{h}{n-1}$

③ $\dfrac{h}{n^2-1}$

④ $\dfrac{nh}{n^2-1}$

⑤ $\dfrac{h}{\sqrt{n^2-1}}$

⑥ $\dfrac{nh}{\sqrt{n^2-1}}$

$\boxed{\text{IV}}$　次の問い **A**（**問 1**），**B**（**問 2**），**C**（**問 3**），**D**（**問 4**），**E**（**問 5**），**F**（**問 6**）に答えなさい。

A　次の図のように，一辺の長さ L の正方形の極板が平行に向かい合っていて，この極板間に荷電粒子を入射することを考える。極板に異符号で同じ大きさの電荷を与えると，極板間には大きさ E の一様な電場が生じた。正の電気量 q をもつ質量 m の荷電粒子を極板間の右端から，極板に対して上向きに角度 θ となるように速さ v で入射させたところ，極板に対して下向きに角度 θ をなして速さ v で極板間の左端から飛び出した。ただし，極板の端における電場の乱れや重力の影響は無視できるものとし，図の極板間の破線は極板に平行である。

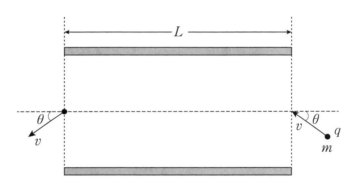

問 1　v はどのように表されるか。正しいものを，次の①〜⑥の中から一つ選びなさい。ただし，$\sin 2\theta = 2\sin\theta\cos\theta$ である。

$\boxed{13}$

①　$\sqrt{\dfrac{qEL\sin 2\theta}{2m}}$　　②　$\sqrt{\dfrac{qEL\sin 2\theta}{m}}$　　③　$\sqrt{\dfrac{2qEL\sin 2\theta}{2m}}$

④　$\sqrt{\dfrac{qEL}{2m\sin 2\theta}}$　　⑤　$\sqrt{\dfrac{qEL}{m\sin 2\theta}}$　　⑥　$\sqrt{\dfrac{2qEL}{m\sin 2\theta}}$

B　図1のように，面積 S で極板の間隔 d の平行板コンデンサーを，内部抵抗が無視できる起電力 V の電源に接続して充電した（状態1）。充電後，図2のように，電源を切りはなして極板の間隔を $2d$ にゆっくりと広げた（状態2）。さらに，図3のように，電源を切りはなしたまま極板間の左半分に比誘電率3の誘電体を挿入した（状態3）。真空の誘電率を ε_0 とし，極板間の電場は一様であるものとする。

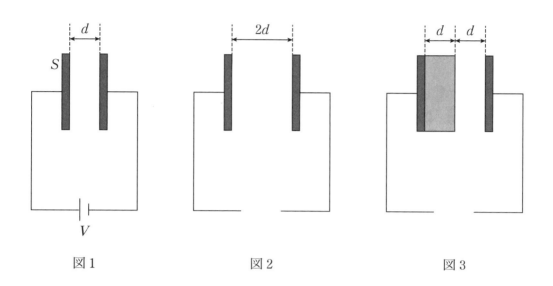

図1　　　　　　　図2　　　　　　　図3

問2　状態1から状態3へ変化させるために外力がした仕事はどのように表されるか。正しいものを，次の①〜⑥の中から一つ選びなさい。ただし，$\dfrac{\varepsilon_0 S V^2}{2d} = W$ とする。　**14**

① $\dfrac{1}{6}W$　　　　　　② $\dfrac{1}{3}W$　　　　　　③ $\dfrac{1}{2}W$

④ $\dfrac{2}{3}W$　　　　　　⑤ W　　　　　　⑥ $\dfrac{3}{2}W$

C　次の図のように，抵抗 R_1，R_2，R_3 と抵抗値が 10 Ω，20 Ω，20 Ω，50 Ω の抵抗からなる回路がある。R_3 の抵抗値は 15 Ω で，R_2 は R_3 と同じ材質でつくられ，断面積は等しく，長さが R_3 の長さの 2 倍である。

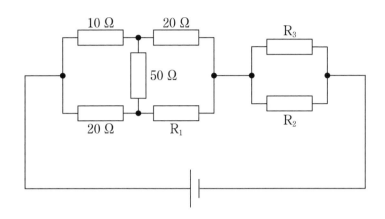

問3　50 Ω の抵抗に電流が流れないとき，R_1 の抵抗値はいくらになるか。また，この場合の回路全体の抵抗値はいくらになるか。正しい組み合わせを，次の①〜⑨の中から一つ選びなさい。　**15**

	①	②	③	④	⑤	⑥	⑦	⑧	⑨
R_1 の値〔Ω〕	10	10	10	20	20	20	40	40	40
合成抵抗〔Ω〕	10	20	30	10	20	30	10	20	30

D 次の図のように，半径 $2r$ の円形コイルとじゅうぶんに長い直線状の導線 L を同じ平面上に置く。コイルの中心 C と導線 L との距離は $3r$ である。コイルに大きさ I の電流を時計回りに流し，導線 L にも電流を流すと，中心 C における磁場の強さが 0 になった。

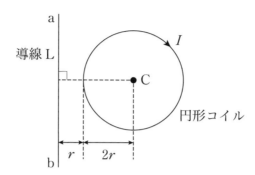

問 4 導線 L に流した電流の向きはどちらか。また，電流の大きさはどのように表されるか。正しい組み合わせを，次の①〜⑥の中から一つ選びなさい。　**16**

	①	②	③	④	⑤	⑥
向き	a → b	b → a	a → b	b → a	a → b	b → a
大きさ	$\dfrac{2\pi}{3}I$	$\dfrac{2\pi}{3}I$	$\dfrac{2}{3\pi}I$	$\dfrac{2}{3\pi}I$	$\dfrac{3\pi}{2}I$	$\dfrac{3\pi}{2}I$

E 図1のような一辺の長さが a の正方形の断面をもつ棒磁石があり，両端の断面のすぐ外側では，断面に垂直で一様な磁場をつくるものとする。図2のように，一辺の長さが a の正方形のコイルを辺が x 軸または y 軸に平行となるように固定し，棒磁石のN極の断面をコイル面と平行に非常に近いところまで接近させる。棒磁石を y 方向の正の向きに一定の速さ V で移動させ，棒磁石の端がコイルの端と最初に一致する時刻を $t=0$ とする。ただし，ある時刻において磁石の断面とコイル面とが完全に重なるように調整されており，コイル面における磁場は z 方向の正の向きである。

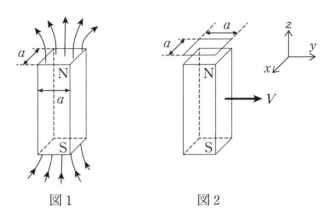

図1　　　　　　図2

問5 コイル全体にはたらく力の y 成分 F_y はどのように時間変化するか。最も適当なグラフを，次の①〜⑥の中から一つ選びなさい。 $\boxed{17}$

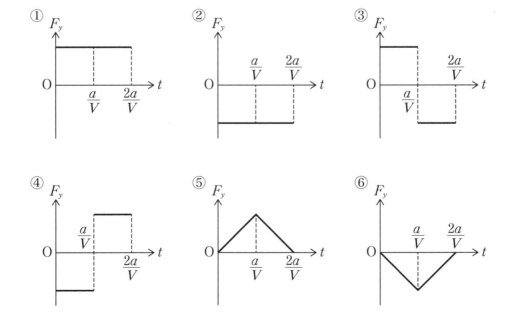

F　次の図のように，抵抗値 50 Ω の抵抗 R，自己インダクタンス 20 mH のコイル L，電気容量 4.0 μF のコンデンサー C を直列につないで，角周波数 2.5×10^3 rad/s，実効値 100 V の交流電源を接続した。

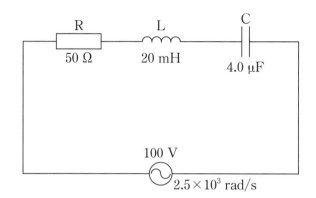

問 6　この回路のインピーダンスはいくらか。最も適当な値を，次の①～⑥の中から一つ選びなさい。ただし，$\sqrt{2}$ は 1.4 とする。　　　**18** Ω

① 25　　　　　　② 35　　　　　　③ 50

④ 70　　　　　　⑤ 100　　　　　⑥ 140

$\boxed{\text{V}}$　次の問い **A**（**問1**）に答えなさい。

A　水素原子の n 番目の定常状態の電子のエネルギー準位は，

$$E_n = -\frac{13.6}{n^2} \text{〔eV〕} \qquad (n=1,\ 2,\ 3\cdots)$$

で表される。

問1　量子数 $n=4$ の定常状態から量子数 $n=2$ の定常状態への遷移で放出される光子の
エネルギーは何 eV か。また，このとき放射される電磁波の種類は何か。最も適当な
組み合わせを，次の①〜⑨の中から一つ選びなさい。ただし，1 eV$=1.6\times10^{-19}$ J，真
空中の光の速さを 3.0×10^8 m/s，プランク定数を 6.6×10^{-34} J・s とし，可視光線の波
長は $380\sim770$ nm の範囲にあるものとする。　$\boxed{\textbf{19}}$

	光子のエネルギー〔eV〕	電磁波の種類
①	2.55	紫外線
②	2.55	可視光線
③	2.55	赤外線
④	3.40	紫外線
⑤	3.40	可視光線
⑥	3.40	赤外線
⑦	5.10	紫外線
⑧	5.10	可視光線
⑨	5.10	赤外線

模擬試験

第9回

$\boxed{\text{I}}$ 次の問い A（問1），B（問2），C（問3），D（問4），E（問5），F（問6）に答えなさい。ただし，重力加速度の大きさを g とし，空気の抵抗は無視できるものとする。

A 次の図のように，水平な床上にある質量 m の台に質量 M の人がのっている。人は，なめらかに回転する滑車を通してつながれた，軽くて伸び縮みしないロープを引いて，台を引き上げることができる。いま，人が大きさ T の力でロープを真下に引いたが，台は床からはなれなかった。

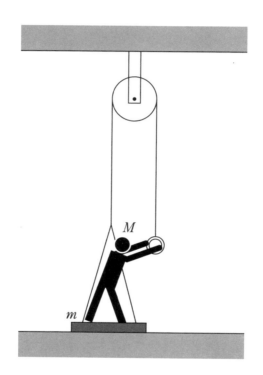

問1 このとき，台が床から受ける垂直抗力の大きさはどのように表されるか。正しいものを，次の①〜⑤の中から一つ選びなさい。 $\boxed{1}$

① $(m+M)g$ ② $(m+M)g-T$ ③ $(2m+M)g-T$

④ $(m+M)g-2T$ ⑤ $(2m+M)g-2T$

B　なめらかで，水平な床の上に角棒 A が置いてあり，その上面に右端をそろえて角棒 B がのっている。角棒 A，B の質量はそれぞれ $2m$，m で，長さは $2L$，L である。角棒 A の左端を P，右端を Q とし，右端 Q には軽い糸がつながれている。2 つの角棒はともに密度が一様でじゅうぶんに細い。次の図のように，糸を鉛直方向にゆっくりと引き上げて角棒 A を傾け，床との角度が α の傾きで静止させた。角棒 B は角棒 A の上で静止したままであった。このとき，角棒 A が左端 P で床から受ける垂直抗力の大きさを N，糸の張力の大きさを T とする。

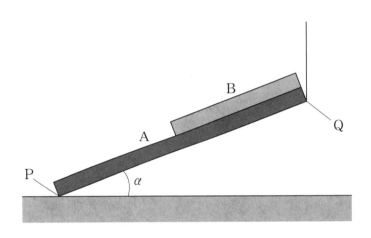

問 2　$\dfrac{N}{T}$ はいくらか。正しい値を，次の①～⑥の中から一つ選びなさい。　 2

① $\dfrac{4}{7}$　　　　　② $\dfrac{5}{7}$　　　　　③ $\dfrac{4}{5}$

④ $\dfrac{7}{5}$　　　　　⑤ $\dfrac{5}{4}$　　　　　⑥ $\dfrac{7}{4}$

C　次の図のように，長さ R の伸び縮みしない軽い糸の一端を点 O に固定し，他端に質量 m の物体を取り付け，糸がたるまないように点 O を中心に鉛直面内で円運動をさせた。物体が最高点に達したときの糸の張力の大きさは T_a，物体が最下点に達したときの糸の張力の大きさは T_b であった。

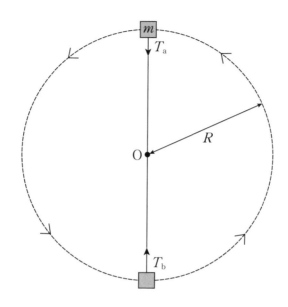

問 3　m はどのように表されるか。正しいものを，次の①～④の中から一つ選びなさい。

$\boxed{\textbf{3}}$

①　$\dfrac{T_\mathrm{b} - T_\mathrm{a}}{2g}$　　②　$\dfrac{T_\mathrm{b} - T_\mathrm{a}}{4g}$　　③　$\dfrac{T_\mathrm{b} - T_\mathrm{a}}{6g}$　　④　$\dfrac{T_\mathrm{b} - T_\mathrm{a}}{g}$

D　次の図のように，曲面となめらかにつながった水平な床がある。曲面上には質量 m の小球 A が固定されており，床の上には質量 $4m$ の小球 B が置かれている。固定を外したところ，小球 A は曲面上をすべりおり，床に達して小球 B と非弾性衝突した。小球 A，B の間のはね返り係数を $\dfrac{1}{2}$ とし，曲面および床と小球との間に摩擦はないものとする。

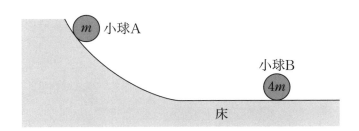

問 4　衝突後の小球 A，B の力学的エネルギーの和は衝突前の力学的エネルギーの和の何倍か。正しい値を，次の①〜⑤の中から一つ選びなさい。　　　**4** 倍

① $\dfrac{1}{10}$　　　② $\dfrac{1}{5}$　　　③ $\dfrac{3}{10}$　　　④ $\dfrac{2}{5}$　　　⑤ $\dfrac{3}{5}$

E　次の図のように，厚みが一定で一様な材質でできた直径 $2r$ の円板 A から，A の端 Q で内接する直径 r の円板 B をくり抜いてつくった物体がある。ただし，図の端 P と Q を結んだ線分 PQ は，円板 A と B の中心を通るものとする。

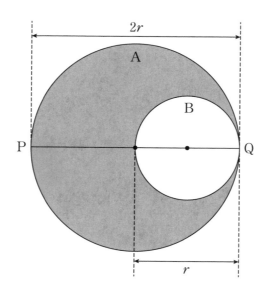

問 5　この物体の重心は線分 PQ 上にあるが，端 P からの距離はどのように表されるか。正しいものを，次の①〜④の中から一つ選びなさい。　　5

① $\dfrac{r}{6}$ 　　　　② $\dfrac{r}{3}$ 　　　　③ $\dfrac{5}{6}r$ 　　　　④ $\dfrac{5}{3}r$

F　次の図のように，地球のまわりをだ円軌道を描いて周回する人工衛星がある。ただし，地球の質量を M，地球の中心から近日点 P までの距離を R，地球の中心から遠日点 Q までの距離を $4R$，万有引力定数を G とする。

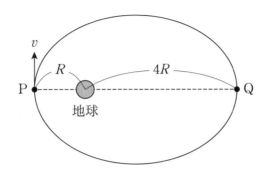

問 6　近日点 P での人工衛星の速さ v はどのように表されるか。正しいものを，次の①〜④の中から一つ選びなさい。　

① $2\sqrt{\dfrac{5GM}{3R}}$　　② $2\sqrt{\dfrac{2GM}{5R}}$　　③ $5\sqrt{\dfrac{GM}{3R}}$　　④ $5\sqrt{\dfrac{GM}{7R}}$

次の問い **A**（**問1**），**B**（**問2**），**C**（**問3**）に答えなさい。

A　質量500gの物体Aに熱量$4.5×10^3$Jを加えたところ，温度が20℃から50℃に上昇した。この状態を保ちながら，物体Aを二分割して，そのうちの一つを物体Bとした。この物体Bの質量は200gである。

問1　物体Bの温度を，50℃から60℃まで上昇させるのに必要な熱量は何Jか。最も適当な値を，次の①〜⑥の中から一つ選びなさい。　　　 **7** J

① $2.5×10^2$　　　　② $6.0×10^2$　　　　③ $7.5×10^2$

④ $1.0×10^3$　　　　⑤ $4.0×10^3$　　　　⑥ $6.0×10^3$

B　次の図のように，同じ容積の2個の容器 A，B が，容積の無視できるチューブでつながれている。初期状態では，容器全体が物質量 n〔mol〕の理想気体で満たされており，温度が 77 ℃に保たれていた。その後，容器 A の温度を 27 ℃に下げ，容器 B の温度を 127 ℃に上げた。ただし，容器間で熱伝導はないものとする。

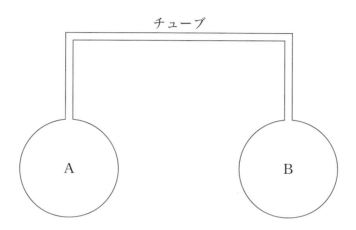

問2　じゅうぶんに時間が経過した後，容器 A の気体の物質量はどのように表されるか。最も適当なものを，次の①〜④の中から一つ選びなさい。　**8**

①　n　　　　②　$\dfrac{3}{4}n$　　　　③　$\dfrac{3}{7}n$　　　　④　$\dfrac{4}{7}n$

C　次の図は，理想気体の状態変化（A → B → C → D → A）を示した $V-T$ グラフである。ただし，状態 A での圧力は P_0 である。

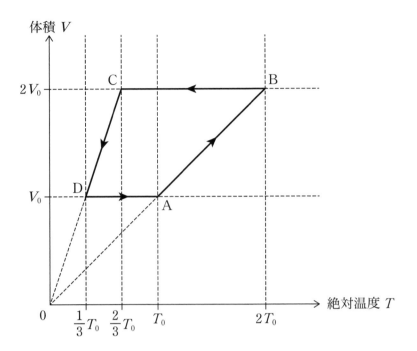

問3　「気体が外部にした仕事（膨張）」－「気体が外部からされた仕事（収縮）」の値を，「気体が外部にした正味の仕事」と呼ぶことにするとき，状態変化A→B→C→D→Aにおいて，初めの状態 A に戻るまでに気体が外部にした正味の仕事はどのように表されるか。正しいものを，次の①～④の中から一つ選びなさい。　　　　$\boxed{9}$

①　$\dfrac{P_0 V_0}{2}$　　　　②　$\dfrac{P_0 V_0}{3}$　　　　③　$\dfrac{2P_0 V_0}{3}$　　　　④　$P_0 V_0$

III　次の問い **A**（**問1**），**B**（**問2**），**C**（**問3**）に答えなさい。

A　次の図は，x 軸の正の向きに伝わる音波の，ある瞬間における媒質の変位を横波として表したものである。ただし，x 軸の正の向きの変位を，y 軸の正の向きの変位としている。

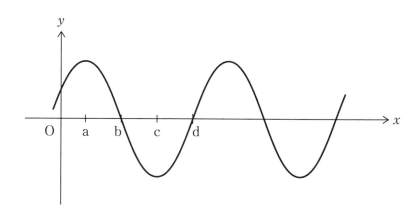

問1　図の a, b, c, d のうち，媒質が最も密な位置は **P** で，媒質の速さが負の向きに最も大きい位置は **Q** である。**P**，**Q** にあてはまる記号として，正しい組み合わせを，次の①〜⑧から選びなさい。　**10**

	P	Q
①	b	a
②	b	b
③	b	c
④	b	d
⑤	d	a
⑥	d	b
⑦	d	c
⑧	d	d

B 　次の図のように，振動数 f の音を連続して出す模型飛行機が，半径 ℓ で上空から見て反時計回りに速さ v で水平に等速円運動をしている。ここで，円運動の中心 O から 2ℓ はなれた観測者が模型飛行機から聞こえる音の振動数を測定した。観測者が測定した振動数の最大値と最小値は，円運動の軌道の接線上に観測者がいる場合で，最も大きい振動数が $612\,\mathrm{Hz}$，最も小さい振動数が $544\,\mathrm{Hz}$ であった。音速を V とし，風はないものとする。また，模型飛行機の運動面は観測者の頭と同じ高さにあるとする。

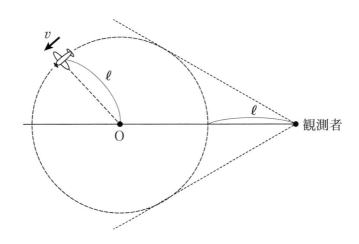

問 2　$\dfrac{v}{V}$ はいくらか。最も適当な値を，次の①〜⑥の中から一つ選びなさい。　⬛**11**

①　$\dfrac{1}{15}$　　　　　②　$\dfrac{1}{16}$　　　　　③　$\dfrac{1}{17}$

④　$\dfrac{1}{18}$　　　　　⑤　$\dfrac{1}{19}$　　　　　⑥　$\dfrac{1}{20}$

C　次の図のように，屈折率 n（$n>1$）の透明な材質でつくられた，まっすぐで細い円柱状の光ファイバーがある。光ファイバーの端の面 A は中心軸に垂直である。この光ファイバーを空気中（屈折率 1）に置き，面 A の中心 O から入射角 θ で単色光を入射させた。面 A の境界で屈折した光は，次に光ファイバーの壁面に入射角 ϕ で入射し，一部は屈折して光ファイバーの外に進み，残りは角 ϕ で反射され，以後，屈折と反射を繰り返す。壁面での入射角 ϕ が臨界角 ϕ_0 より大きくなると全反射が起こり，光が光ファイバーの外にもれることはなくなる。

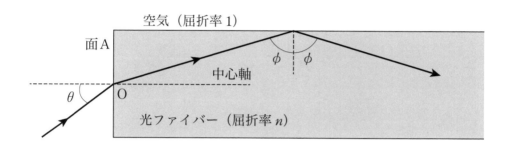

問 3　$\phi = \phi_0$ となるときの θ を θ_0 とするとき，$\sin\theta_0$ はどのように表されるか。正しいものを，次の①〜⑥の中から一つ選びなさい。　**12**

①　$n-1$　　　　　　②　n^2-1　　　　　　③　$\sqrt{n-1}$

④　$\sqrt{n^2-1}$　　　⑤　$\sqrt{1-\dfrac{1}{n}}$　　　⑥　$\sqrt{1-\dfrac{1}{n^2}}$

$\boxed{\text{IV}}$　次の問い **A**（**問1**），**B**（**問2**），**C**（**問3**），**D**（**問4**），**E**（**問5**），**F**（**問6**）に答えなさい。

A　次の図のように，x 軸の原点 O に $+Q$（$Q > 0$）の点電荷が固定されている。この x 軸上の座標 x_0 に $-e$（$e > 0$）の点電荷を置いた。クーロンの法則の比例定数を k とする。

問1　$-e$ の点電荷を座標 x_0 から $4x_0$ まで運ぶために必要な仕事はどのように表されるか。正しいものを，次の①〜④の中から一つ選びなさい。　$\boxed{13}$

① $-\dfrac{kQe}{4x_0}$ 　　　② $-\dfrac{3kQe}{4x_0}$ 　　　③ $\dfrac{kQe}{4x_0}$ 　　　④ $\dfrac{3kQe}{4x_0}$

B　次の図1のように，極板間隔 d の平行平板コンデンサー，起電力 V で内部抵抗が無視できる電池，スイッチ S を接続した。初め，S は開いており，コンデンサーに電荷は蓄えられていなかった。S を閉じてじゅうぶん時間が経った後，S を開いた。次に，図2のように，コンデンサーの極板間隔を $\dfrac{d}{2}$ だけ広げた。

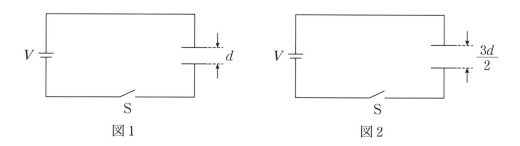

図1　　　　　　　　　　　　　図2

問2　コンデンサーの極板間隔を広げたときの電場の強さはどのように表されるか。正しいものを，次の①〜⑤の中から一つ選びなさい。　　　**14**

①　$\dfrac{V}{d}$　　　　②　$\dfrac{2V}{d}$　　　　③　$\dfrac{V}{2d}$　　　　④　$\dfrac{3V}{2d}$　　　　⑤　$\dfrac{2V}{3d}$

C　電圧が $V = V_0 \sin 2\pi ft$（V_0：電圧の最大値，f：振動数，t：時刻）と表される交流電源に抵抗を接続したところ，抵抗が発熱した。

問3　抵抗で発生する単位時間あたりの発熱量の時間変化を表すグラフはどれか。最も適当なものを，次の①～④の中から一つ選びなさい。ただし，縦軸は単位時間あたりの発熱量 Q，横軸は測定を始めてからの時間 t である。　**15**

①
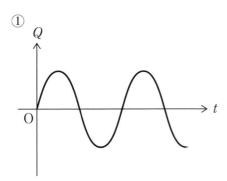

②
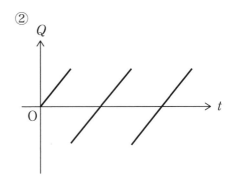

③
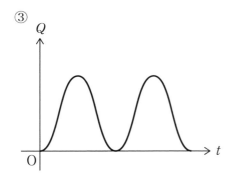

④
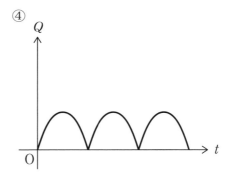

D　次の図のように，抵抗値が R, $3R$, $6R$ の抵抗 3 個と，起電力が $5V$, $3V$ で内部抵抗が無視できる電池 2 個を接続して回路をつくった。このとき，抵抗値 $3R$ の抵抗を流れる電流を I とし，図の矢印の向きを I の正の向きとする。

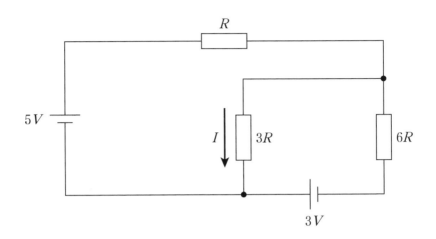

問4　I はどのように表されるか。正しいものを，次の①〜⑥の中から一つ選びなさい。

16

① $\dfrac{5V}{4R}$　　　　② $\dfrac{2V}{3R}$　　　　③ $\dfrac{V}{R}$

④ $-\dfrac{5V}{4R}$　　　⑤ $-\dfrac{2V}{3R}$　　　⑥ $-\dfrac{V}{R}$

E 天井から薄くて軽い環状の銅板をつるして，2つの実験をおこなった。図1は実験1を表したもので，銅板に向かって棒磁石のN極を素早く近づけた。図2は実験2を表したもので，銅板に棒磁石のS極を近づけて静止させておいてから素早く遠ざけた。

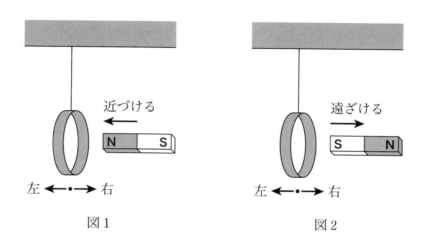

図1　　　　　　　　図2

問5　実験1と実験2で，銅板はそれぞれ右と左のどちらに動くか。正しい組み合わせを，次の①〜④の中から一つ選びなさい。　**17**

	実験1	実験2
①	左	左
②	左	右
③	右	左
④	右	右

F 次の図のように，真空中に，狭い隙間を空けて平行に向かい合わせた2個の半円形の中空電極を設置し，高周波電源 E を接続した。また，装置全体に磁束密度 B の一様な磁場を鉛直下向きにかけた。電極の中心付近に質量 m，電気量 q の正イオンを磁場に垂直に入射させると，電極間の電位差 V により加速された正イオンは，中空電極内で磁場による力を受けて円運動をおこなった。ここで，正イオンが同じ回転の向きに円運動ができるように高周波電源 E の周波数を調整したところ，正イオンは電極間の電場で N 回加速された後，中心から距離 R の位置にある取り出し口 P から飛び出した。電極間の磁場および重力の影響，入射時の正イオンの運動エネルギーや電極間での加速時間は無視できるものとする。

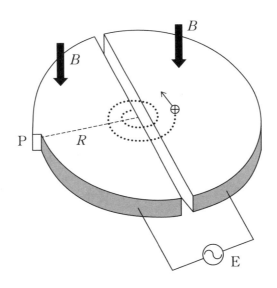

問6 加速回数 N はどのように表されるか。最も適当なものを，次の①〜⑥の中から一つ選びなさい。　**18**

① $\dfrac{2qB^2R^2}{mV}$　　② $\dfrac{qB^2R^2}{mV}$　　③ $\dfrac{qB^2R^2}{2mV}$

④ $\dfrac{2BR}{V}$　　⑤ $\dfrac{BR}{V}$　　⑥ $\dfrac{BR}{2V}$

次の問い **A**（**問1**）に答えなさい。

A　半減期が1日の放射性原子核が1.0×10^{10}個ある。

問1　この原子核の個数は時間とともにどのように変化するか。最も適当なグラフを，次の①～⑤の中から一つ選びなさい。　**19**

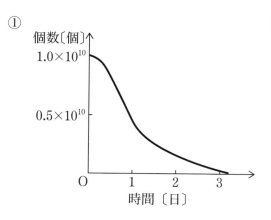

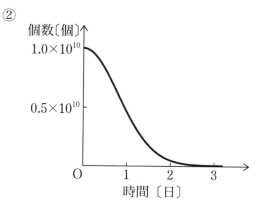

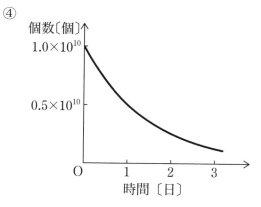

模擬試験

第10回

$\boxed{\text{I}}$ 次の問い **A（問1）**，**B（問2）**，**C（問3）**，**D（問4）**，**E（問5）**，**F（問6）** に答えなさい。ただし，重力加速度の大きさを g とし，空気の抵抗は無視できるものとする。

A 質量を m，時間を t，長さを ℓ とおくと，これらは次の表に示すような次元をもつ。例えば，速さの次元は $[\mathrm{L}^1\mathrm{T}^{-1}]$ となる。

物理量	m	ℓ	t
次元	$[\mathrm{M}]$	$[\mathrm{L}]$	$[\mathrm{T}]$

これらの物理量を用いて，エネルギーの次元を $[\mathrm{M}^{\alpha}\mathrm{L}^{\beta}\mathrm{T}^{\gamma}]$ で表すことを考える。

問1 α, β, γ はそれぞれいくらか。正しい組み合わせを，次の①〜⑥の中から一つ選びなさい。 $\boxed{1}$

	①	②	③	④	⑤	⑥
α	1	1	1	-1	-1	-1
β	-1	2	1	-1	1	-2
γ	-2	-2	-2	2	2	2

B 　次の図のように，質量 m，長さ $3L$ の一様な棒を端 A に取り付けた軽い糸で天井からつるし，端 B に水平右向きに大きさ F の力を加えた。このとき，棒は鉛直線となす角が α となって静止した。

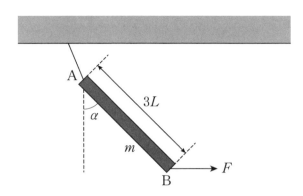

問2　$\tan\alpha$ はどのように表されるか。正しいものを，次の①～⑥の中から一つ選びなさい。　　　　　　　　　　　　　　　　　　　　**2**

① $\dfrac{F}{3mg}$ 　　　　② $\dfrac{F}{2mg}$ 　　　　③ $\dfrac{2F}{3mg}$

④ $\dfrac{F}{mg}$ 　　　　⑤ $\dfrac{3F}{2mg}$ 　　　　⑥ $\dfrac{2F}{mg}$

C　次の図のように，質量 m の物体 A と質量 $2m$ の物体 B を，水平面からの傾きが角 θ である粗い斜面上に互いに接するように置いた。θ を徐々に大きくしていくと，θ_0 をこえた瞬間に 2 つの物体は同時に動き出した。ただし，斜面と物体 A，B との間の静止摩擦係数をそれぞれ 0.80, 0.35 とする。

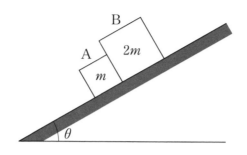

問 3　$\tan\theta_0$ はいくらか。最も適当な値を，次の①〜⑦の中から一つ選びなさい。　$\boxed{3}$

① 　0.35　　　　② 　0.43　　　　③ 　0.50　　　　④ 　0.58

⑤ 　0.65　　　　⑥ 　0.73　　　　⑦ 　0.80

D　次の図のように，鉛直な壁から距離 L の位置において，水平方向から上向きに角 θ，初速度の大きさ v でボールを壁に向かって投げた。ボールは壁に対して垂直に衝突した後，床ではね返ることなく投げた位置に戻った。壁はなめらかであり，ボールと壁との反発係数を e とする。

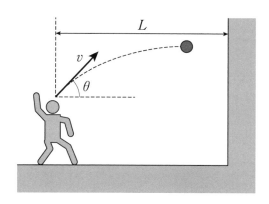

問4　L はどのように表されるか。正しいものを，次の①～⑥の中から一つ選びなさい。ただし，$\sin 2\theta = 2\sin\theta\cos\theta$ である。　$\boxed{4}$

①　$\dfrac{e}{2}\cdot\dfrac{v^2\sin 2\theta}{g}$

②　$\dfrac{e^2}{1+e^2}\cdot\dfrac{v^2\sin 2\theta}{g}$

③　$\dfrac{e}{1+e}\cdot\dfrac{v^2\sin 2\theta}{g}$

④　$e\cdot\dfrac{v^2\sin 2\theta}{g}$

⑤　$\dfrac{2e}{1+e}\cdot\dfrac{v^2\sin 2\theta}{g}$

⑥　$\dfrac{2e^2}{1+e^2}\cdot\dfrac{v^2\sin 2\theta}{g}$

E 図1のように，xy 平面が水平で，z 軸のまわりに曲線 $z = ax^2$ $(a>0)$ を回転してできるなめらかな回転放物面がある。この放物面の内面上の点 $(x_0, 0, ax_0^2)$ から内面に沿って水平方向に小球を速さ v_0 で打ち出したところ，内面に沿って水平面 $z = ax_0^2$ 上で等速円運動をした。このとき，図2のように xz 平面上の曲線 $z = ax^2$ 上の点 (x_0, ax_0^2) における接線について $\tan\theta = 2ax_0$ が成り立つとする。

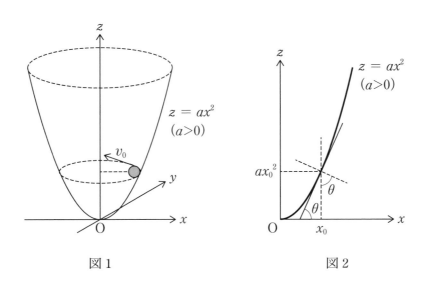

図1   図2

問5 v_0 はどのように表されるか。正しいものを，次の①〜⑥の中から一つ選びなさい。

$\boxed{5}$

①　$\dfrac{x_0}{2}\sqrt{ag}$

②　$x_0\sqrt{\dfrac{ag}{2}}$

③　$x_0\sqrt{ag}$

④　$x_0\sqrt{2ag}$

⑤　$2x_0\sqrt{ag}$

⑥　$2x_0\sqrt{2ag}$

F 次の図のように，質量 m の人工衛星が地球を焦点の一つとするだ円軌道を周回している。地球を半径 R，質量 M の一様な球とする。ただし，人工衛星にはたらく力は，地球との間の万有引力のみとし，万有引力定数を G とする。

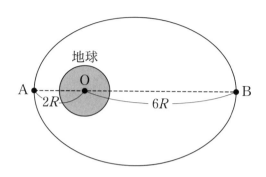

問6 人工衛星が，地球の中心から $6R$ はなれた遠地点（遠日点）B から，地球の中心から $2R$ はなれた近地点（近日点）A まで移動する間に，人工衛星に対して万有引力がした仕事はどのように表されるか。正しいものを，次の①～⑤の中から一つ選びなさい。

6

① $-\dfrac{2GMm}{3R}$　　　② $-\dfrac{GMm}{3R}$　　　③ 0

④ $\dfrac{GMm}{3R}$　　　⑤ $\dfrac{2GMm}{3R}$

$\boxed{\text{II}}$ 　次の問い **A**（**問1**），**B**（**問2**），**C**（**問3**）に答えなさい。

A 　次の図のような円筒状の保温容器があり，内部の体積変化に合わせてなめらかに上下できる軽いふたがついている。大気圧 1.00×10^5 Pa の下で，図1のように，容器に100℃の水 1.00 mol を入れ，水面に接するようにふたをしてゆっくり熱を加えたところ，図2のように，100℃の水蒸気 1.00 mol になった。ただし，水の分子量を 18.0，水の蒸発熱を 2.26×10^3 J/g，気体定数を 8.31 J/(mol·K) とし，ふたを含む保温容器の熱容量は考えなくてよい。水蒸気は理想気体として扱い，同じ物質量では 100℃の水の体積は 100℃の水蒸気の体積に比べて無視できるものとする。また，気体が外部に仕事をするとき，気体の圧力を一定とみなし，ふたにはたらく重力は考えなくてよい。

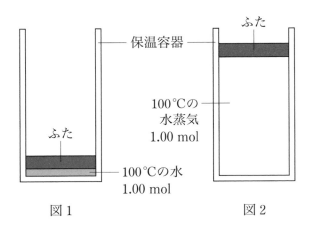

図1　　　　　図2

問1 　1.00 mol の水が水蒸気になったことで増加した内部エネルギーは何 J か。最も適当な値を，次の①～⑥の中から一つ選びなさい。ただし，$8.31 \times 373 ≒ 3.10 \times 10^3$ とする。

$\boxed{7}$ J

① 　2.84×10^4 　　　　② 　3.14×10^4 　　　　③ 　3.45×10^4

④ 　3.76×10^4 　　　　⑤ 　4.07×10^4 　　　　⑥ 　4.39×10^4

B　　圧力 p, 体積 $2V$, 物質量 n の Ne ガス（原子量 20）と, 圧力 p, 体積 V, 物質量 $2n$ の Ar ガス（原子量 40）がある。Ne 原子の 2 乗平均速度を $\sqrt{\overline{v_{\text{Ne}}{}^2}}$, Ar 原子の 2 乗平均速度を $\sqrt{\overline{v_{\text{Ar}}{}^2}}$ とする。ただし, Ne ガス, Ar ガスはいずれも単原子分子理想気体とみなし, 次の式が成り立つ。

$$\frac{1}{2}m\overline{v^2} = \frac{3}{2}kT \qquad \begin{bmatrix} m：分子の質量, & \overline{v^2}：速度の 2 乗平均 \\ k：ボルツマン定数, & T：絶対温度 \end{bmatrix}$$

問 2　$\dfrac{\sqrt{\overline{v_{\text{Ne}}{}^2}}}{\sqrt{\overline{v_{\text{Ar}}{}^2}}}$ はいくらか。正しい値を, 次の①〜⑦の中から一つ選びなさい。　　　**8**

①　$\dfrac{1}{2\sqrt{2}}$ 　　　②　$\dfrac{1}{2}$ 　　　③　$\dfrac{1}{\sqrt{2}}$ 　　　④　1

⑤　$\sqrt{2}$ 　　　⑥　2 　　　⑦　$2\sqrt{2}$

C　次の図のように，コックのついた細い管で体積 V_0 の容器 A と体積 $\dfrac{V_0}{2}$ の容器 B が つながれている。最初コックは閉じられ，容器 A には圧力 p_0，絶対温度 T_0 の単原子 分子理想気体が入っている。また，容器 B の内部は真空である。ただし，容器A，B， 管およびコックは断熱材でできていて，管の体積は考えなくてよいものとする。

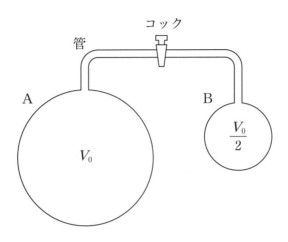

問 3　コックを開いてじゅうぶんに時間が経つと，容器A，B内の気体の圧力はどうなる か。また，このときに気体がした仕事はいくらか。正しい組み合わせを，次の①～⑥ の中から一つ選びなさい。　　　　　　　　　　　　　　　　　　　　　**9**

	①	②	③	④	⑤	⑥
圧力	$\dfrac{2}{3}p_0$	$\dfrac{2}{3}p_0$	$\dfrac{2}{3}p_0$	p_0	p_0	p_0
仕事	0	$\dfrac{1}{3}p_0V_0$	$\dfrac{1}{2}p_0V_0$	0	$\dfrac{1}{3}p_0V_0$	$\dfrac{1}{2}p_0V_0$

$\boxed{\text{III}}$ 次の問い A（問1），B（問2），C（問3）に答えなさい。

A 次の図のように，水平な xy 平面に広がる水面があり，点 P（$-2d$, 0）に一定の周期で振動する波源を置いた。また，この xy 平面は y 軸を境界として異なる水深の2つの領域 A，B に分かれている。領域 B（$x > 0$）の水深は領域 A（$x < 0$）の水深の $\frac{4}{9}$ 倍と浅いので，波源から出た波は領域 B で速さが遅くなる。図の曲線は，波源と同じ位相をもつ波面を点 P に近い方から順に示したものである。ただし，水面波の速さは水深の平方根に比例し，波の屈折は境界で起こるものとする。

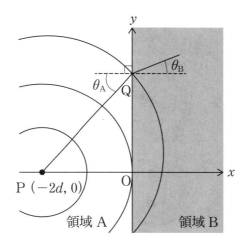

問1 図の点 Q における入射角を θ_A，屈折角を θ_B とするとき，$\sin\theta_B$ はいくらか。正しい値を，次の①～⑥の中から一つ選びなさい。 $\boxed{10}$

① $\dfrac{\sqrt{5}}{9}$ ② $\dfrac{\sqrt{5}}{6}$ ③ $\dfrac{2\sqrt{5}}{9}$

④ $\dfrac{\sqrt{5}}{4}$ ⑤ $\dfrac{\sqrt{5}}{3}$ ⑥ $\dfrac{4\sqrt{5}}{9}$

B　3本の弦があり，下の(a)〜(e)のことがわかっている。

(a)　弦1，弦2の張力の大きさはともに S，弦3の張力は $2S$ である。

(b)　弦1，弦2の線密度（単位長さあたりの質量）はともに ρ_1 である。

(c)　弦1を4倍振動させ，弦2を3倍振動させたところ，図のように，それぞれの弦の振動の隣り合う節の間の距離が等しくなった。

(d)　図のように，弦3の長さは弦1の長さに等しい。

(e)　弦3の基本振動の振動数は，弦2の基本振動の振動数に等しい。

ただし，張力の大きさ S，線密度 ρ の弦を伝わる横波の速さ v は，$v = \sqrt{\dfrac{S}{\rho}}$ と表されるものとする。

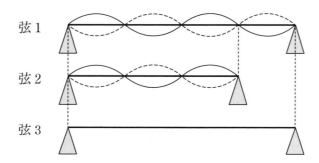

問2　弦3の線密度を ρ_3 とするとき，$\dfrac{\rho_3}{\rho_1}$ はいくらか。正しい値を，次の①〜⑧の中から一つ選びなさい。　　$\boxed{11}$

①　$\dfrac{2}{3}$　　　　②　$\dfrac{3}{4}$　　　　③　$\dfrac{8}{9}$　　　　④　$\dfrac{9}{16}$

⑤　$\dfrac{3}{2}$　　　　⑥　$\dfrac{4}{3}$　　　　⑦　$\dfrac{9}{8}$　　　　⑧　$\dfrac{16}{9}$

C　次の図のように，真空中に配置された光の干渉装置（マイケルソン干渉計）に波長 λ の平行光線を図の左側から入射させた。平面鏡 M_1 および M_2 は入射する光線に対して垂直である。点 A に入射した光はハーフミラー H によって 2 つに分かれ，一方は平面鏡 M_1 の点 B で，他方は平面鏡 M_2 の点 C で反射され，それぞれ A → B → A → D，A → C → A → D と進み，点 D で干渉して明るい光「明」が観測された。ここで平面鏡 M_1 を右にゆっくり平行移動させたところ，点 D では暗い「暗」と明るい光「明」が交互に次々と現れた。移動を始めてから 12 回目の「明」を観察したとき，平面鏡 M_1 は元の位置から距離 x だけ移動していた。なお，ハーフミラー H は，反射光と透過光の強さが等しくなる半透明な平面鏡で，その厚さは無視できるものとする。

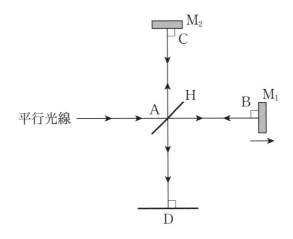

問 3　x はどのように表されるか。正しいものを，次の①〜⑥の中から一つ選びなさい。

12

① 　3λ 　　　　　② 　4λ 　　　　　③ 　6λ

④ 　9λ 　　　　　⑤ 　12λ 　　　　　⑥ 　24λ

$\boxed{\text{IV}}$ 　次の問い **A（問1）**，**B（問2）**，**C（問3）**，**D（問4）**，**E（問5）**，**F（問6）** に答えなさい。

A 　次の図のように，xy 平面上の正三角形をなす点 A $(0, \sqrt{3}\,a)$，点 B $(-a, 0)$，点 C $(a, 0)(a > 0)$ にそれぞれ点電荷が固定されている。点 C の点電荷の電気量は q $(q > 0)$ で，点 A，点 B の点電荷の電気量はそれぞれ負，正である。また，点 A，点 B の点電荷にはたらく合力はともに y 軸に平行な向きになっている。クーロンの法則の比例定数を k とする。

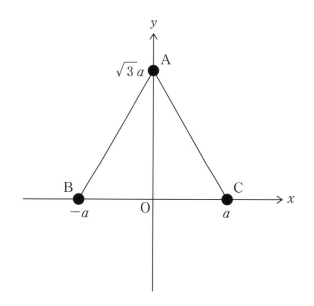

問1 　点 C の点電荷にはたらく合力の大きさはどのように表されるか。正しいものを，次の①～⑥の中から一つ選びなさい。　$\boxed{\textbf{13}}$

①　$\dfrac{\sqrt{3}\,kq^2}{12a^2}$

②　$\dfrac{kq^2}{4a^2}$

③　$\dfrac{\sqrt{3}\,kq^2}{6a^2}$

④　$\dfrac{\sqrt{3}\,kq^2}{4a^2}$

⑤　$\dfrac{kq^2}{2a^2}$

⑥　$\dfrac{\sqrt{3}\,kq^2}{2a^2}$

B　次の図のように，抵抗値が 5.0 kΩ，3.0 kΩ，2.0 kΩ の 3 個の抵抗，電気容量が 3.0 μF，2.0 μF の 2 個のコンデンサー，内部抵抗が無視できる電圧 10 V の電池，スイッチ S_1，S_2 を接続して回路をつくった。最初 S_1，S_2 は開いており，コンデンサーには電荷は蓄えられていない。この状態から，S_1 を閉じてじゅうぶん時間が経過した後（状態 A），S_2 を閉じてじゅうぶん時間を経過させた（状態 B）。

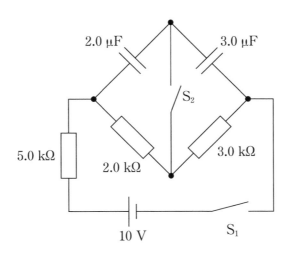

問2　状態 A から状態 B の間に S_2 を通過する電気量の合計は何 μC か。最も適当な値を，次の①〜⑦の中から一つ選びなさい。　**14** μC

① 1.0　　　② 2.0　　　③ 3.0　　　④ 4.0

⑤ 5.0　　　⑥ 6.0　　　⑦ 0

C　起電力 $E = 9.0$ V，内部抵抗 $r = 4.0$ Ω の電池 2 個を並列に接続して電源とし，これに図 1 のような電流―電圧特性をもつ電球を接続して図 2 のような回路をつくった。

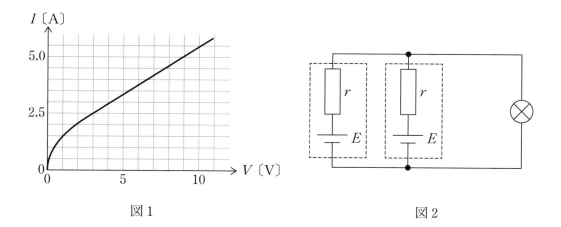

図 1　　　　　　　　　　　　　　　図 2

問 3　電球に流れる電流の大きさは何 A か。最も適当な値を，次の①〜⑥の中から一つ選びなさい。　　　　　　　　　　　　　　　　 **15** A

①　0.50　　　　　　②　1.8　　　　　　③　2.7

④　3.4　　　　　　⑤　4.3　　　　　　⑥　5.0

D　次の図のような構造の直流モーターをつくり，長方形の軽いコイル ABCD に電流 I を流す。辺 AB，CD は x 軸に平行で，コイルの回転軸は BC，DA の中点を通り，x 軸に平行である。コイルの辺の長さは，AB $= \ell$，BC $= 2r$ である。整流子により，AB が N 極側にあるときは A → B → C → D の向きに，AB が S 極側にあるときは D → C → B → A の向きに電流が流れる。コイルを含む領域では，y 軸に平行な向きに磁束密度の大きさ B の一様な磁場が存在するものとする。

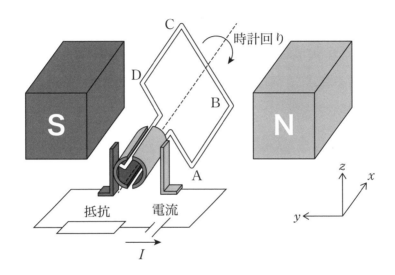

問 4　コイルの回転方向はどちらか。また辺 BC が z 軸と角 θ をなすとき，コイルにかかる回転軸まわりの偶力のモーメントの大きさはどのように表されるか。正しい組み合わせを，次の①〜⑥の中から一つ選びなさい。　**16**

	コイルの回転方向	偶力のモーメントの大きさ
①	時計回り	$IB\ell r \sin\theta$
②	時計回り	$2IB\ell r \sin\theta$
③	時計回り	$4IB\ell r \sin\theta$
④	反時計回り	$IB\ell r \sin\theta$
⑤	反時計回り	$2IB\ell r \sin\theta$
⑥	反時計回り	$4IB\ell r \sin\theta$

E 図1のように，鉄心にコイルAとコイルBが巻かれていて，コイルAには直流電源と可変抵抗器が，コイルBには抵抗値80Ωの抵抗が接続されている。いま，コイルAに流れる電流を図2のように変化させた。ただし，コイルAとコイルBの相互インダクタンスを0.50Hとし，磁束は鉄心の外にはもれず，コイル2の自己誘導は無視できるものとする。

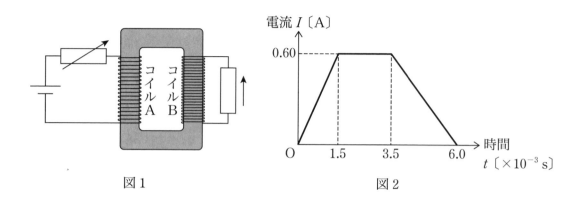

図1   図2

問5 時刻 $t = 4.0 \times 10^{-3}\,\mathrm{s}$ においてコイルBに流れている誘導電流は何Aか。最も適当な値を，次の①〜⑦の中から一つ選びなさい。ただし，図1の矢印の向きを電流の正の向きとする。

$\boxed{17}$ A

① 1.5   ② 2.0   ③ 2.5   ④ −1.5

⑤ −2.0   ⑥ −2.5   ⑦ 0

F　次の図のように，抵抗値 50 Ω の抵抗 R，自己インダクタンス 8.0 H のコイル L，電気容量 8.0 μF のコンデンサー C を直列につないで，その両端に実効値 100 V の交流電源を接続した回路がある。

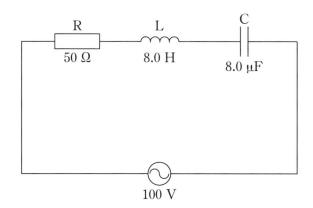

R　50 Ω　　L　8.0 H　　C　8.0 μF

100 V

問 6　回路に流れる電流の実効値が最大となるのは，交流電源の角周波数がいくらのときか。また，この場合のコンデンサー C の容量リアクタンスはいくらか。正しい組み合わせを，次の①〜⑥の中から一つ選びなさい。　**18**

	①	②	③	④	⑤	⑥
角周波数〔rad/s〕	125	125	125	250	250	250
容量リアクタンス〔Ω〕	50	200	1000	50	200	1000

| | 次の問い **A（問 1）** に答えなさい。

A　次の図 1 は，光電効果を調べるための実験装置である。光電管の陰極（電位 0）の
金属に大きな振動数の光を照射し，陰極と陽極間の光電流の大きさ I を測定する。こ
れにより，陰極表面から飛び出してくる光電子の運動エネルギーとその数を測定する
ことができる。また，陽極と陰極との間に電圧 V を与えて，光電子の運動エネルギー
を評価することができる。この実験で，下の(a)～(c)のように条件を変えた。

(a)　光の振動数を大きくする。

(b)　陽極と陰極を仕事関数の大きな金属に変える。

(c)　光量を増加させる。

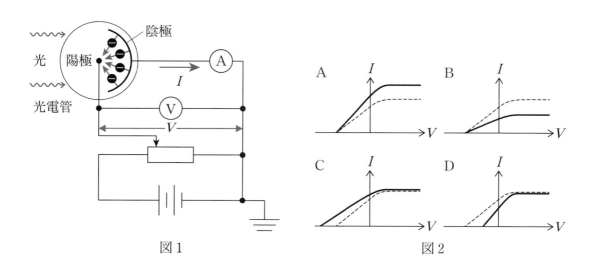

図 1　　　　　　　　　　　　図 2

問 1　図 2 の A～D は，陽極の電位（V）と光電流の大きさ（I）の関係を表すグラフで，
破線は条件を変える前の特性を示している。(a)～(c)の結果について表したグラフはそ
れぞれ A～D のどれか。正しい組み合わせを，次の①～⑧の中から一つ選びなさい。

19

	①	②	③	④	⑤	⑥	⑦	⑧
(a)	A	A	B	B	C	C	D	D
(b)	C	D	C	D	A	D	A	B
(c)	D	B	A	C	B	A	C	A

正解と解説

第 1 回

正解 ★「物理」で過去に何度も出題されている事項

問	I						II		
	問1	問2	問3	問4	問5	問6	問1	問2	問3
解答番号	**1**	**2★**	**3★**	**4**	**5**	**6**	**7★**	**8**	**9**
正解	④	③	⑤	④	②	②	⑥	③	③

問	III			IV						V
	問1	問2	問3	問1	問2	問3	問4	問5	問6	問1
解答番号	**10★**	**11**	**12**	**13★**	**14**	**15**	**16**	**17★**	**18**	**19**
正解	①	②	③	④	③	①	④	③	⑤	③

解説

I 問1

底面積をSとすると，

$$\rho_1(a+b)Sg=\rho_0 bSg \qquad \therefore a=\left(\frac{\rho_0}{\rho_1}-1\right)b$$

I 問2

点Aのまわりの力のモーメントのつり合いの式は，

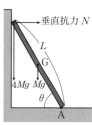

垂直抗力 N
L
G
$4Mg$ Mg
θ
A

$$N\times L\sin\theta=Mg\times\frac{1}{2}L\cos\theta+4Mg\times L\cos\theta$$

$$\therefore N=\frac{9Mg}{2\tan\theta}$$

I 問3

点Dでの速度をv，糸の張力をSとすると，

$$mg\ell(1-\cos\theta)=\frac{1}{2}mv^2+mg\times 2h \quad\cdots①$$

$$m\frac{v^2}{h}=S+mg \quad\cdots②$$

条件を満たすには$S\geqq 0$。式①，②より，

$$h=\frac{2\ell(1-\cos\theta)}{5}$$

I 問4

水平方向に外力がはたらかない。台車Bがばねからはなれる瞬間の台車Aの速度をVとすると，

$$m_A v_A+m_B v_B=m_A V \quad\cdots①$$

衝突は弾性衝突なので，

$$1=-\frac{V}{v_A-v_B} \quad\cdots②$$

式①，②より，$\dfrac{v_A}{v_B}=\dfrac{m_A-m_B}{2m_A}$

I 問5

物体Aと物体Bの加速度をa，2物体間にはたらく摩擦力をfとすると，

物体A；$Ma=kx-f$，物体B；$ma=f$

物体Bがすべらない条件は，

$$f\leqq\mu mg \qquad \therefore\frac{kx}{(m+M)g}\leqq\mu$$

I 問6

地球，ロケットAの質量をM，m，万有引力定数をGとすると次の式が成り立てばよい。

$$\frac{1}{2}mv_0^2-G\frac{Mm}{R}\geqq 0 \qquad \therefore v_0\geqq\sqrt{2Rg}$$

II 問1

求める時間をt〔s〕とすると，

$$2.1\times110\times\{0-(-15.0)\}+330\times110$$
$$=4.2\times220\times(7.5-0)+100\times1.0\times t$$
$$\therefore t\fallingdotseq328$$

II 問2

$$P_0 S\times 6L=P_1 S\times 3L \qquad \therefore P_1=2P_0$$

$$P_0 S\times 6L=P_2 S\times 9L \qquad \therefore P_2=\frac{2P_0}{3}$$

$$P_1 S=P_2 S+mg \qquad \therefore m=\frac{4P_0 S}{3g}$$

II 問3

（気体がした仕事）＝（ピストンがされた仕事）＋（ばねの弾性エネルギー）

Ⅲ 問1

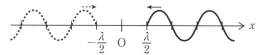

点Oで出会ってから1周期経過

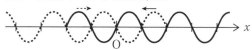

Ⅲ 問2

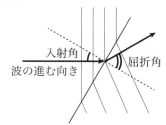

入射角 屈折角
波の進む向き

　振動数は変わらない。速さが大きくなると波長も大きくなり，波面の間隔が広がる。屈折の法則より入射角より屈折角の方が大きくなる。

Ⅲ 問3

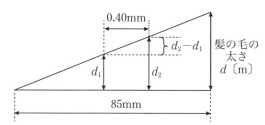

0.40mm
$d_2 - d_1$
髪の毛の太さ d〔m〕
d_1 d_2
85mm

　下のガラス板上面での反射で位相はπずれる。隣り合う明線が強め合う条件は，

$$2\,d_1 = \left(n + \frac{1}{2}\right)\lambda, \quad 2\,d_2 = \left(n + \frac{3}{2}\right)\lambda$$

$$(n = 1, 2, 3, \cdots)$$

$$\therefore d_2 - d_1 = \frac{1}{2}\lambda$$

$$85 : d = 0.40 : d_2 - d_1 \quad \therefore d = 6.8 \times 10^{-5}$$

Ⅳ 問1

　点Cの点電荷にはたらく力はx成分をもたないので，点Bの点電荷は正。求める電気量をqとすると$\angle CAO = 60°$，$\angle CBO = 30°$より，

$$\frac{kQ \cdot 2Q}{d^2 + (\sqrt{3}\,d)^2}\cos 60° = \frac{kq \cdot 2Q}{(3d)^2 + (\sqrt{3}\,d)^2}\cos 30°$$

$$\therefore q = \sqrt{3}\,Q$$

Ⅳ 問2

　誘電率をεとすると最初の電気容量Cは，$C = \varepsilon\dfrac{S}{d}$。導体板が導線とみなせ，コンデンサーの並列接続より，導体板挿入後の電気容量C'は，

$$C' = \varepsilon\,\frac{\frac{4}{5}S}{d} + \varepsilon\,\frac{\frac{1}{5}S}{\frac{1}{2}d} = \frac{6}{5}C \quad \therefore\frac{6}{5}倍$$

Ⅳ 問3

　抵抗の長さをℓ，抵抗率をρとすると抵抗値Rは$R = \rho\dfrac{\ell}{S}$となる。電池の電圧をEとするとジュール熱Qは，

$$Q = \frac{E^2}{R} = \frac{E^2}{\rho\ell}S \quad \therefore Q は S に比例する。$$

Ⅳ 問4

　Sを閉じた直後，コンデンサーは導線とみなせる。R_1とR_2の合成抵抗の大きさは40Ω。

$$120 \div (40 + 40) = 1.5 \,〔A〕$$

Ⅳ 問5

　求める速さをvとすると，誘導起電力の大きさVは，$V = vB \times 2\,L$。流れる電流Iは，

$$I = \frac{V}{R} = \frac{2\,vBL}{R}$$

導体棒にはたらく電磁力の大きさFは，

$$F = IB \times 2\,L = \frac{4\,vB^2L^2}{R}$$

導体棒の移動方向の力のつり合いより，

$$\frac{4\,vB^2L^2}{R} = mg\cos 45° \quad \therefore v = \frac{mgR}{4\sqrt{2}(BL)^2}$$

Ⅳ 問6

$$evB = e\frac{V}{d} \quad \therefore v = \frac{V}{Bd}$$

Ⅴ 問1

　α崩壊x〔回〕，β崩壊y〔回〕とおくと，

$$238 - 226 = 4\,x \quad \cdots①$$

$$92 - 88 = 2\,x - y \quad \cdots②$$

式①，②より，$x = 3$，$y = 2$

第 2 回

正解 ★「物理」で過去に何度も出題されている事項

問	I						II		
	問1	問2	問3	問4	問5	問6	問1	問2	問3
解答番号	1★	2	3	4★	5★	6	7	8	9★
正解	④	③	③	②	④	④	⑤	④	⑤

問	III			IV						V
	問1	問2	問3	問1	問2	問3	問4	問5	問6	問1
解答番号	10	11★	12	13	14★	15★	16	17	18	19
正解	②	⑥	②	②	②	④	⑧	③	②	②

解説

I　問1

加速度をa，張力の大きさをTとすると，
おもりA；$Ma = Mg - T$
小物体B；$ma = T - mg \sin\theta - \mu mg \cos\theta$

$$\therefore a = \frac{M - m(\sin\theta + \mu\cos\theta)}{m + M} g$$

I　問2

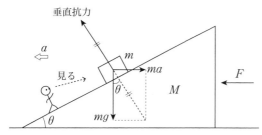

加速度をaとすると，三角台から見た小物体にはたらく力は，重力mg，垂直抗力，加えた力と逆向きの慣性力maで，この3力がつり合う。

$ma = mg \tan\theta$　$\therefore a = g\tan\theta$
$\therefore F = (m+M)a = (m+M)g\tan\theta$

I　問3

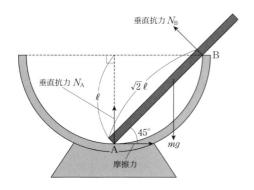

$N_B \times \sqrt{2}\,\ell = mg\ell \cos45°$　（点Aまわり）
$N_A + N_B \sin45° = mg$

$$\therefore N_A = \left(1 - \frac{\sqrt{2}}{4}\right)mg$$

I　問4

同じ質量の弾性衝突なので速度交換が起こり，衝突直後の小球bの速さはv_aになる。Dでの小球bの速さをv_D，垂直抗力の大きさをNとすると，

$$\frac{1}{2}mv_a^2 = \frac{1}{2}mv_D^2 + mg \times 2r$$

$$m\frac{v_D^2}{r} = N + mg$$

Dに到達するとき$N \geqq 0$より，$v_a \geqq \sqrt{5gr}$

I　問5

$mv_0 = mv + MV$
水平方向に外力がはたらかないので，力学的エネルギー保存が成り立ち弾性衝突とみなせる。

$$1 = -\frac{v - V}{v_0}　\therefore v_0 = V - v$$

$$\therefore v = \frac{m - M}{m + M}v_0, \quad V = \frac{2m}{m + M}v_0$$

I　問6

$$m\frac{v^2}{r} = Mg　\therefore v = \sqrt{\frac{Mgr}{m}}$$

また，$T = \frac{2\pi r}{v} = 2\pi\sqrt{\frac{mr}{Mg}}$

II　問1

電圧を加えた時間をt〔s〕とすると，

$$\frac{100^2}{40} \times t = (4.2 \times 100 + 80.0) \times 12.0　\therefore t = 24$$

Ⅱ 問2

加熱後の気体の圧力，温度を p，T とすると，

$$pS \cdot 2\ell = RT, \quad pS = p_0 S + k\ell$$

$$\therefore T = \frac{2(p_0 S\ell + k\ell^2)}{R}$$

Ⅱ 問3

断熱変化なので $Q_{AB} = Q_{CD} = 0$ 。シャルルの法則から $T_C = 3T_B$ になる。定圧モル比熱 $C_P = \frac{2}{5}R$，定積モル比熱 $C_V = \frac{3}{2}R$ より求める熱量は，

$$Q_{BC} + Q_{DA} = C_P(T_C - T_B) + C_V(T_A - T_D)$$

$$= \frac{R}{2}(3T_A + 10T_B - 3T_D)$$

Ⅲ 問1

$$y = 2.0 \sin \pi (10t - 40x)$$

$$= 2.0 \sin 2\pi \left(\frac{t}{0.20} - \frac{x}{0.050} \right)$$

Ⅲ 問2

観測者Oが聞く音源Sの直接音：$f_0 = \frac{V+v}{V}f$

壁に届く音：$f_1 = \frac{V-v}{V}f$

観測者Oが聞く壁の反射音：$f_2 = \frac{V+v}{V+v}f_1$

（うなりの回数）$= |f_0 - f_2| = \frac{2v}{V}f$

Ⅲ 問3

（光路差）$= 2nd\cos 60° =$（半波長の奇数倍）

Ⅳ 問1

導体の形に関係なく，導体内部の電場は 0 。

Ⅳ 問2

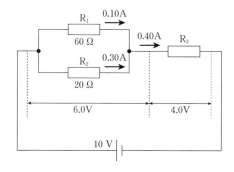

Ⅳ 問2

（R_3 の消費電力）$= 4.0 \times 0.40 = 1.6$ 〔W〕

Ⅳ 問3

状態 1，2 の電気量 Q_1，Q_2 は，

$$Q_1 = \varepsilon_0 \frac{\ell L}{d}V + (1+k)\varepsilon_0 \frac{\ell L}{d}V$$

$$Q_2 = \varepsilon_0 \frac{(\ell + x)L}{d}V + (1+k)\varepsilon_0 \frac{(\ell - x)L}{d}V$$

（電荷の変化量）$= Q_2 - Q_1 = -\frac{k\varepsilon_0 LV}{d}x$

Ⅳ 問4

接地点は電位 0 。図 1 はコンデンサー，抵抗の電圧は 0 なので点Pの電位はV。図 2 はコンデンサーの電圧がVなので点Qの電位は 0 。

Ⅳ 問5

導体棒Bには図の下から上向きに誘導電流が流れる。誘導起電力は $V = vBL$ より電流 I は，

$$I = \frac{V}{R} = \frac{vBL}{R}$$

（磁場から受ける力）$= IBL = \frac{vB^2 L^2}{R}$

フレミングの左手の法則より右向き。

Ⅳ 問6

コイルAに大きさ I の電流が流れ始めたときに発生する磁束 ϕ は，

$$\phi = \mu \frac{N}{L} I \cdot S$$

コイルBに発生する誘導起電力は，

$$V = -n\frac{\Delta\phi}{\Delta t} = -n\frac{\mu NS}{L} \cdot \frac{\Delta I}{\Delta t} = -M\frac{\Delta I}{\Delta t}$$

相互インダクタンスは上式の M なので，

$$M = \frac{\mu nNS}{L}$$

Ⅴ 問1

$$eV = h\frac{c}{\lambda_0} \text{ より，} \quad \lambda_0 = \frac{hc}{eV}$$

V が 2 倍になると λ_0 は $\frac{1}{2}$ になる。ピーク(a)，(b)の波長は陽極の原子に依存するので変化しない。

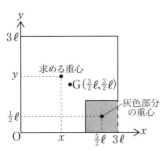
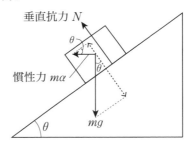

問	I						II		
	問1	問2	問3	問4	問5	問6	問1	問2	問3
解答番号	**1★**	**2★**	**3**	**4**	**5**	**6**	**7★**	**8**	**9**
正解	⑤	④	③	④	③	⑥	②	②	①

問	III			IV						V
	問1	問2	問3	問1	問2	問3	問4	問5	問6	問1
解答番号	**10**	**11★**	**12★**	**13**	**14**	**15**	**16**	**17**	**18★**	**19**
正解	③	②	③	③	⑤	③	⑤	④	④	④

解説

I　問1

加速度を a，張力を T とすると，

$$\frac{1}{2}at^2 = \ell \quad \cdots ①$$

A : $ma = T - mg \quad \cdots ②$

B : $Ma = Mg - T \quad \cdots ③$

式①～③より，$g = \dfrac{2(M+m)\ell}{(M-m)t^2}$

I　問2

切り取った正方形の質量を m とし，元の正方形に戻すと重心は点 G になる。

$$8m \times x + m \times \frac{5}{2}\ell = 9m \times \frac{3}{2}\ell \quad \therefore x = \frac{11}{8}\ell$$

$$8m \times y + m \times \frac{1}{2}\ell = 9m \times \frac{3}{2}\ell \quad \therefore y = \frac{13}{8}\ell$$

I　問3

$0 \leqq t < t_0$：板には F と動摩擦力がはたらくので等加速度運動し，V は単調増加する。

$t_0 \leqq t < t_1$：板には進行方向と逆向きの動摩擦力のみがはたらくので，V は単調減少する。

I　問4

衝突後の平行成分は保存され，$v_x = \sqrt{2}\,v\cos45°$

衝突後の垂直成分は，$v_x{}^2 + v_y{}^2 = \left(\dfrac{5}{4}v\right)^2 \quad \therefore v_y = \dfrac{3}{4}v$

$$m \times \frac{3}{4}v - \left(-m \times \sqrt{2}\,v\sin45°\right) = \frac{1}{2} \times 3T \times F_0$$

$$\therefore F_0 = \frac{7mv}{6T}$$

I　問5

遠心力，最大摩擦力，弾性力がつり合うとき，

$$0.50 \times (0.10 + 0.15) \times 6.0^2 + \mu \times 0.50 \times 9.8$$

$$= 40 \times 0.15 \qquad \therefore \mu \fallingdotseq 0.31$$

I　問6

$$N = mg\cos\theta - m\alpha\sin\theta \geqq 0 \quad \therefore \alpha \leqq \frac{g}{\tan\theta}$$

II　問1

金属球の比熱を c〔J/(g・K)〕とすると，

$$(4.2 \times 4.0 \times 10^2 + 320) \times (30 - 26)$$

$$= c \times 4.0 \times 10^2 \times (80 - 50) \qquad \therefore c = 0.40$$

II　問2

ガラス管の断面積を S，起こした空気柱の圧力を p_1 とすると，

$$p_1 S = \rho S L g + p_0 S \quad \cdots ①$$

$$p_0 S \ell_0 = p_1 \times \frac{8}{9}S\ell_0 \quad \cdots ②$$

式①，②より，$L=\dfrac{p_0}{8\rho g}$

Ⅱ 問3

ともに状態Aから状態Bへの変化なので，内部エネルギーの変化量は同じ。気体がした仕事は，

(I) $p_0(5V_0-V_0)=4p_0V_0$

(II) $2p_0(5V_0-V_0)=8p_0V_0$

熱力学第1法則より，$Q_1<Q_2$

Ⅲ 問1

波の進む向きは水面波に垂直で，入射角は30°，屈折角は45°である。媒質Ⅱでの波長をλとすると，

$$\dfrac{\sin30°}{\sin45°}=\dfrac{6.0}{\lambda}\qquad\therefore\lambda=\sqrt{2}\times6.0$$

$\therefore(速さ)=\lambda\times5.0=30\sqrt{2}≒42〔cm/s〕$

Ⅲ 問2

壁に届く音，反射音の振動数をf_1，f_2とすると，

$$f_1=\dfrac{V}{V-u}f_0,\ f_2=\dfrac{V+u}{V}f_1=\dfrac{V+u}{V-u}f_0>f_0$$

$$\therefore(うなり)=f_2-f_0=\dfrac{2u}{V-u}f_0$$

Ⅲ 問3

1mあたりの溝の数は$\dfrac{1}{d}$。条件式より，

$$\dfrac{1}{d}=\dfrac{0.087}{4\times(4.3\times10^2)\times10^{-9}}≒5.1\times10^4〔本〕$$

Ⅳ 問1

(a) 金属板：負に帯電。箔：正に帯電・開く

(b) 金属板：負に帯電
　　箔：正電荷が指に移動し帯電なし・閉じる

(c) 金属板・箔：(b)から変化なし

(d) 金属板の負電荷の一部が箔に移動・開く

Ⅳ 問2

極板の面積をS，誘電率をε，XZ間，YZ間の電気容量をC_X，C_Yとすると，並列接続なので，

$$C=\varepsilon\dfrac{S}{3d},\ C_X=\varepsilon\dfrac{S}{d}=3C,\ C_Y=\varepsilon\dfrac{S}{2d}=\dfrac{3}{2}C$$

$$\therefore3CV+\dfrac{3}{2}CV=\dfrac{9}{2}CV$$

Ⅳ 問3

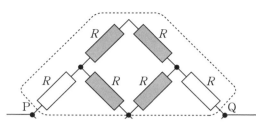

4つの灰色部分の合成抵抗はRなので，点線で囲んだ部分の合成抵抗は$3R$。下側の抵抗についても同様で，PQ間の合成抵抗は，$3R$の抵抗が2個並列接続されたものと等価になり，$\dfrac{3}{2}R$。

Ⅳ 問4

円形コイルに流れる電流がつくる磁場はx軸正（東）向きである。地球，I_1，I_2の電流がつくる磁場の強さをH，H_1，H_2とすると，

$$H\tan30°=H_1=\dfrac{I_1}{2r}\qquad\cdots①$$

$$H\tan45°=H_2=\dfrac{I_2}{2\times2r}\qquad\cdots②$$

式①，②より，$\dfrac{I_2}{I_1}=2\sqrt{3}$

Ⅳ 問5

フレミングの左手の法則よりキャリアはホール。電荷をe，電場の強さをE，求める電位をVとすると，

$$eE=e\dfrac{V}{a}=evB\qquad\therefore V=vBa$$

Ⅳ 問6

誘導電流をI，電磁力をFとすると，

$$I=\dfrac{vBL}{R},\ F=IBL=\dfrac{vB^2L^2}{R}$$

導体棒の斜面方向の力のつり合いより，

$$\dfrac{vB^2L^2}{R}=mg\sin\theta\qquad\therefore v=\dfrac{mgR\sin\theta}{B^2L^2}$$

Ⅴ 問1

$${}^{10}_{5}\mathrm{B}+{}^{1}_{0}\mathrm{n}\to{}^{4}_{2}\mathrm{He}+{}^{a}_{b}\mathrm{X}$$

質量数：$10+1=4+a\quad\therefore a=7$

陽子数：$5+0=2+b\quad\therefore b=3$

　$\therefore$粒子Xは${}^{7}_{3}\mathrm{Li}$

問	I						II		
	問1	問2	問3	問4	問5	問6	問1	問2	問3
解答番号	**1**	**2**	**3**	**4**	**5 ★**	**6**	**7 ★**	**8**	**9 ★**
正解	③	③	②	③	①	⑦	④	③	②

問	III			IV						V
	問1	問2	問3	問1	問2	問3	問4	問5	問6	問1
解答番号	**10 ★**	**11**	**12**	**13 ★**	**14**	**15**	**16 ★**	**17**	**18**	**19**
正解	②	①	②	④	⑤	③	②	③	③	⑥

解説

I 問1

状態A：（重力 Mg）＋（浮力の反作用の力 ρVg）

状態B：重力 $(M+m)g$

I 問2

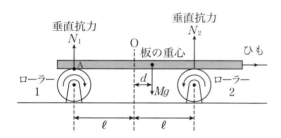

$Mg = N_1 + N_2$ ⋯①

$N_2 \times 2\ell = Mg(\ell + d)$ ⋯② （点Aまわり）

式①，②，$F_1 = \mu N_1$，$F_2 = \mu N_2$ より，

$$F_1 = \frac{\mu Mg(\ell - d)}{2\ell}, \quad F_2 = \frac{\mu Mg(\ell + d)}{2\ell}$$

ローラーには回転を妨げる向きに摩擦力がはたらく。作用・反作用の法則より板はその逆向き。

I 問3

$mv = (m+M)V$ （V：一体のときの速さ）

$$(差) = \frac{1}{2}mv^2 - \frac{1}{2}(m+M)V^2 = \frac{mM}{2(m+M)}v^2$$

I 問4

衝突後のA，Bの速さを v_A，v_B とすると，

$2mv_0 = mv_A\cos30° + 2mv_B\cos60°$ ⋯①

$mv_A\sin30° = 2mv_B\sin60°$ ⋯②

式①，②より，$v_A = \sqrt{3}\,v_0$，$v_B = \dfrac{1}{2}v_0$

I 問5

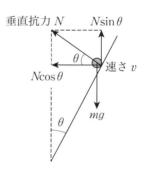

$N\sin\theta = mg$ ⋯①，$m\dfrac{v^2}{r} = N\cos\theta$ ⋯②

式①，②より，$v = \sqrt{\dfrac{gr}{\tan\theta}}$

I 問6

（周期）$= 2\pi\sqrt{\dfrac{m}{k}} = 2\pi\sqrt{\dfrac{M}{3k}}$ ∴ $M = 3m$

速さを v とすると，

$\dfrac{1}{2}mv^2 = \dfrac{1}{2}ka^2$ ∴ $v = a\sqrt{\dfrac{k}{m}}$

II 問1

求める比熱を c〔J/(g・K)〕とすると，

$(c \times 170 + 60) \times (80 - 20) = 2.4 \times 10^4$

∴ $c = 2.0$

II 問2

求める絶対温度を T_1，袋内空気の密度 ρ_1，質量 $\rho_1 V_0$ の物質量を n_1，気体定数を R とすると，

$\rho_0 V_0 : \rho_1 V_0 = n : n_1 = \dfrac{p_0 V_0}{RT_0} : \dfrac{p_0 V_0}{RT_1}$

∴ $\rho_1 = \rho_0 \dfrac{T_0}{T_1}$

(熱気球にはたらく浮力) ≧ (熱気球全体の重力)
より，

$$\rho_0 V_0 g \geqq Mg + \rho_1 V_0 g \qquad \therefore T_1 \geqq \frac{\rho_0 V_0}{\rho_0 V_0 - M} T_0$$

II 問3

状態方程式，定積モル比熱，定圧モル比熱を用いて吸収した熱量 Q_{AB}，Q_{CA} を求める。

$$Q_{AB} = \frac{3}{2}(3p_0 V_0 - p_0 V_0) = 3p_0 V_0$$

$$Q_{BC} = 0$$

$$Q_{CA} = \frac{5}{2}(p_0 V_0 - 2p_0 V_0) = -\frac{5}{2}p_0 V_0$$

$$(\text{熱効率}) = \frac{Q_{AB} + Q_{CA}}{Q_{AB}} \fallingdotseq 0.17$$

III 問1

時刻 $t = 0\,\mathrm{s}$ から微小時間経つと $x = 80\,\mathrm{m}$ の y は負の方向に変位する。$(\text{周期}) = \dfrac{120}{50} = 2.4$ 〔s〕

III 問2

$(\text{花火の音速}) = 331.0 + 0.6 \times 25.0 = 346$ 〔m/s〕
$(\text{A さんと花火の距離}) = 346 \times 2.6 = 899.6$ 〔m〕
$(\text{求める高さ}) = 889.6 \sin 30° \fallingdotseq 450$ 〔m〕

III 問3

$$1.0\sin i = 1.3\sin r \Rightarrow 1.0\tan i = 1.3\tan r$$
$$\begin{aligned} x = d\tan r &= (d - d')\tan i \\ &= (d - d') \times 1.3\tan r \end{aligned}$$
$$\therefore d = 1.3(d - d') \qquad \therefore d' \fallingdotseq 0.23d$$

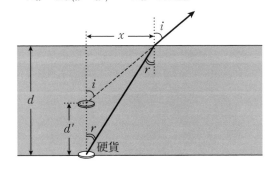

IV 問1

クーロンの法則の比例定数を k とすると，

$$k\frac{Q_1 Q_3}{(2a)^2} + k\frac{Q_2 Q_3}{a^2} = 0 \qquad \therefore \left|\frac{Q_1}{Q_2}\right| = 4$$

IV 問2

抵抗2，3の合成抵抗は24Ω。抵抗1に流れる電流を I とすると，合成抵抗に $\frac{1}{3}I$，抵抗4に $\frac{2}{3}I$ 流れる。$(\text{消費電力}) = (\text{抵抗}) \times (\text{電流})^2$ より，

$(\text{抵抗}1):(\text{抵抗}2):(\text{抵抗}3):(\text{抵抗}4)$

$$= 6I^2 : 6\left(\frac{1}{3}I\right)^2 : 18\left(\frac{1}{3}I\right)^2 : 12\left(\frac{2}{3}I\right)^2$$
$$= 9 : 1 : 3 : 8$$

IV 問3

最初，左の抵抗(抵抗値 R_1)に電流は流れない。残りの抵抗(抵抗値 R_2，R_3)に流れる電流の大きさを I とすると，

$$E_a - R_2 I = 0 \quad \cdots① , \quad E_a + R_3 I - E_b = 0 \quad \cdots②$$

式①，②より，$E_b = \dfrac{R_2 + R_3}{R_2} E_a$

S_1 を開くと PQ 間に電流は流れず電位差 0。S_2 を閉じた瞬間コンデンサーは導線とみなし，PQ 間の電位差は E_b になる。コンデンサーの充電が終了すると PQ 間に電流は流れなくなり電位差 0。

IV 問4

R_1，R_2，R_3 に右から左に流れる電流を I_1，I_2，I_3 とすると，

$$12 = -20I_2 + 8I_1 \quad \cdots①$$
$$10 = -20I_2 + 10I_3 \quad \cdots②$$
$$I_1 = -I_2 - I_3 \quad \cdots③$$

式①，②，③より，

$$I_2 = -\frac{5}{11} \fallingdotseq -0.45 \qquad \therefore |I_2| = 0.45$ 〔A〕$$

IV 問5

コイルには貫く磁束の変化(増える・減る)を妨げる向きに力がはたらくので，それと反対向きに外力を加えればよい。図(ウ)のように磁束に変化がない場合は，慣性の法則より，外力は 0 でよい。

IV 問6

$$X_L = 2\pi f L \rightarrow \text{比例}, \quad X_C = \frac{1}{2\pi f C} \rightarrow \text{反比例}$$

V 問1

$$2\pi r = n\lambda = n \cdot \frac{h}{mv}$$

問	I						II		
	問1	問2	問3	問4	問5	問6	問1	問2	問3
解答番号	**1**	**2**	**3★**	**4★**	**5**	**6**	**7★**	**8★**	**9**
正解	②	③	④	⑤	②	①	⑥	⑤	②

問	III			IV						V
	問1	問2	問3	問1	問2	問3	問4	問5	問6	問1
解答番号	**10**	**11**	**12★**	**13**	**14**	**15★**	**16★**	**17**	**18**	**19**
正解	②	④	①	④	④	②	④	③	③	④

解説

I 問1

一体での速さを v，求める距離を x とすると，

$$mv_0 = (m+M)v \quad \cdots ①$$

$$\frac{1}{2}(m+M)v^2 - \frac{1}{2}mv_0^2 = -\mu' mgx \quad \cdots ②$$

式①，②より， $x = \dfrac{Mv_0^2}{2\mu'(m+M)g}$

I 問2

回転の条件，直方体がすべる直前の条件は，

$$F \cdot h > mg \cdot \frac{1}{2}a \quad \cdots ①, \quad F = \mu mg \quad \cdots ②$$

式①，②より， $h > \dfrac{a}{2\mu}$

I 問3

衝突直前のAの速度を v，衝突直後のA，Bの速度を v_A，v_B とすると，

$$2mgH = \frac{1}{2} \cdot 2mv^2 \quad \cdots ①$$

$$2mv = 2mv_A + mv_B \quad \cdots ②, \quad 1 = -\frac{v_A - v_B}{v} \quad \cdots ③$$

式①〜③より， $v_B = \dfrac{4}{3}v = \sqrt{2gH}$

斜面の移動距離は $\dfrac{h}{\sin 30°} = 2h$ より，

$$\frac{1}{2}m \cdot 0^2 - \frac{1}{2}mv_B^2 = -\frac{1}{\sqrt{3}}mg\cos 30° \cdot 2h - mgh$$

$$\therefore h = \frac{8}{9}H$$

I 問4

衝突直前のAの速度を v，衝突直後のA，Bの速度を v_A，v_B とすると，

$$2mgh = \frac{1}{2} \cdot 2mv^2 \quad \cdots ①$$

$$2mv = 2mv_A + mv_B \quad \cdots ②, \quad 1 = -\frac{v_A - v_B}{v} \quad \cdots ③$$

式①〜③より， $v_A = \dfrac{1}{3}v = \dfrac{\sqrt{2gh}}{3}$

$$\frac{1}{2} \cdot 2mv_A^2 = 2mgH \quad \therefore H = \frac{h}{9}$$

I 問5

加速度を a，単振動の角速度を ω'，中心Oを座標 $x = 0$ とすると，

$$ma = -2kx + mx\omega^2 \quad (mx\omega^2：慣性力)$$

$$= -(2k - m\omega^2)x = -m\omega'^2 x$$

$$\therefore (周期) = \frac{2\pi}{\omega'} = 2\pi\sqrt{\frac{m}{2k - m\omega^2}}$$

I 問6

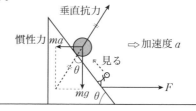

$$(3m+m)a = F \quad \cdots ①, \quad ma = mg\tan\theta \quad \cdots ②$$

式①，②より， $F = 4mg\tan\theta$

II 問1

固体の比熱を c〔J/(g·K)〕とすると，

$$(1.20 \times 500 + 80.0) \times (94.2 - 60.0)$$

$$= c \times 400 \times (200 - 94.2) \quad \therefore c = 0.55$$

II 問2

初めのA，B内の温度を T_A，T_B，混合後の温度

をT，圧力をp，気体定数をRとすると，

$$p_0 \cdot 2V_0 = n_A R T_A \quad \cdots ①$$
$$3p_0 V_0 = n_B R T_B \quad \cdots ②$$
$$p(2V_0 + V_0) = (n_A + n_B) R T \quad \cdots ③$$
$$\frac{3}{2} n_A R T_A + \frac{3}{2} n_B R T_B = \frac{3}{2}(n_A + n_B) R T \quad \cdots ④$$

式①～③を式④に代入して，$p = \dfrac{5}{3} p_0$

Ⅱ　問3

Heガス，Neガスの速度の2乗平均を$\overline{v_{He}{}^2}$，$\overline{v_{Ne}{}^2}$とすると，

He：$\dfrac{1}{2} \times 4 \times \overline{v_{He}{}^2} = \dfrac{3}{2} k (27 + 273) \quad \cdots ①$

Ne：$\dfrac{1}{2} \times 20 \times \overline{v_{Ne}{}^2} = \dfrac{3}{2} k (227 + 273) \quad \cdots ②$

式①，②より，$\dfrac{\overline{v_{Ne}{}^2}}{\overline{v_{He}{}^2}} = \dfrac{1}{3} \quad \therefore \sqrt{\dfrac{1}{3}}$ 倍

Ⅲ　問1

逆位相の波が重なり合うので変位は0。

Ⅲ　問2

閉管の長さをL〔m〕とすると，n倍振動の波長は$\lambda_n = \dfrac{4L}{n}$〔m〕になる。

$$(音速) = 324 \times \frac{4L}{n} = 540 \times \frac{4L}{n+2} \quad \therefore n = 3$$

$$324 \times \frac{4L}{3} = 348 \quad \therefore L \fallingdotseq 0.806$$

Ⅲ　問3

波長をλ，液体の屈折率をnとすると，原点Oからm番目の明線の座標xは光路差より，

$$\frac{dx}{L} = m\lambda \quad \therefore x = \frac{m\lambda L}{d}$$

$$\Delta x = (m+1)\frac{\lambda L}{d} - m\frac{\lambda L}{d} = \frac{\lambda L}{d}$$

液体中の波長は$\dfrac{\lambda}{n}$となり，明線間隔は$\dfrac{2}{3}\Delta x$。

Ⅳ　問1

原点Oで電場はy成分をもたない。

Ⅳ　問2

操作(b)後のC_1の右側の電荷は$+2CV$，C_2の左側の電荷は0。操作(c)後，じゅうぶんに時間が経っ

たときの回路を次のようにすると，

$$2CV + 0 = -Q_1 + Q_2 \quad \cdots ①$$
$$Q_1 = 2C(V - V_x) \quad \cdots ②, \quad Q_2 = CV_x \quad \cdots ③$$

式①～③より，$V_x = \dfrac{4}{3}V \quad \therefore +Q_2 = \dfrac{4}{3}CV$

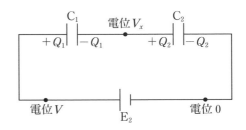

Ⅳ　問3

$$E = (r+r)I \quad \therefore I = \frac{E}{2r} \quad \therefore P = rI^2 = \frac{E^2}{4r}$$

Ⅳ　問4

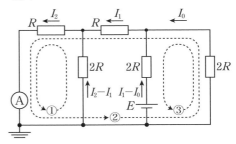

図の①～③の1周について次の式が成り立つ。

①：$2R(I_2 - I_1) + RI_2 = 0 \quad \therefore I_1 = \dfrac{3}{2}I_2$

②：$2RI_0 + RI_1 + RI_2 = 0 \quad \therefore I_0 = -\dfrac{5}{4}I_2$

③：$2RI_0 - 2R(I_1 - I_0) + E = 0 \quad \therefore I_2 = \dfrac{E}{8R}$

Ⅳ　問5

$$evB = eE \quad \therefore E = vB$$
$$\therefore (電位差) = Ed = vBd$$

Ⅳ　問6

$$(周期) = 2\pi\sqrt{(5.0 \times 10^{-2}) \times (20 \times 10^{-6})}$$

$$\therefore (周波数) = \frac{1}{(周期)} \fallingdotseq 1.6 \times 10^2 〔Hz〕$$

Ⅴ　問1

質量数の合計：$14 + 4 = 18$

原子番号（陽子数）の合計：$7 + 2 = 9$

第 6 回

正解 ★「物理」で過去に何度も出題されている事項

問	I						II		
	問1	問2	問3	問4	問5	問6	問1	問2	問3
解答番号	**1**	**2★**	**3**	**4**	**5**	**6★**	**7★**	**8**	**9★**
正解	④	④	③	⑥	④	①	②	②	⑥

問	III			IV						V
	問1	問2	問3	問1	問2	問3	問4	問5	問6	問1
解答番号	**10★**	**11**	**12**	**13★**	**14**	**15**	**16**	**17★**	**18**	**19**
正解	⑦	⑦	④	⑥	⑤	④	④	③	④	③

解説

I 問1

$$v_0 \cos\theta \cdot t = 3gT^2 \qquad \therefore t = \frac{3gT^2}{v_0\cos\theta}$$

$$v_0 \sin\theta \cdot t - \frac{1}{2}gt^2 = 4gT^2 - \frac{1}{2}gt^2 \quad \therefore \tan\theta = \frac{4}{3}$$

$$\cos\theta = \frac{3}{5} \qquad \therefore t = \frac{5gT^2}{v_0}$$

I 問2

重心はAから3.00m，Qでの垂直抗力は 0 。
$$60.0 \times g \times x = 84.0 \times g \times (3.00 - x) \quad \therefore x = 1.75$$

I 問3

Aの底面積 $S = \dfrac{V}{h}$ …①

糸の張力：$T = (\rho_B - \rho_W) \cdot \dfrac{V}{2} \cdot g$ …②

図1：$mg = \rho_W \cdot S(h - h_0) \cdot g$ …③

図2：$mg + T = \rho_W \cdot S\left(h - \dfrac{2}{3}h_0\right) \cdot g$ …④

式①～③を式④に代入して，$\rho_B = \left(1 + \dfrac{2h_0}{3h}\right)\rho_W$

I 問4

小球，台の水平方向の点Bでの速度を v，V とすると，

$$0 = mv + 4mV \quad \text{…①}$$

$$mgr = \frac{1}{2}mv^2 + \frac{1}{2} \cdot 4mV^2 \quad \text{…②}$$

式①，②より，$v = \dfrac{2\sqrt{10gr}}{5}$

I 問5

最高点での速さ，垂直抗力を v，N とすると，

$$mgh = mg \cdot 2r + \frac{1}{2}mv^2 \quad \therefore v^2 = 2g(h - 2r)$$

$$m\frac{v^2}{r} = mg + N \quad N \geqq 0 \text{より，} \quad h \geqq \frac{5}{2}r$$

I 問6

人工衛星，地球の質量を m，M とすると，

$$\frac{1}{2}mv_A{}^2 - G\frac{mM}{2R} = \frac{1}{2}mv_B{}^2 - G\frac{mM}{6R}$$

$$\frac{1}{2} \cdot 2Rv_A = \frac{1}{2} \cdot 6Rv_B \text{より，} \quad v_A{}^2 = \frac{3GM}{4R}$$

$$m\frac{v_0{}^2}{2R} = G\frac{mM}{(2R)^2} \quad \therefore v_0{}^2 = \frac{GM}{2R} \qquad \therefore \frac{v_A}{v_0} = \frac{\sqrt{6}}{2}$$

II 問1

求める温度を T〔℃〕とすると，
$$2.1 \times 100 \times 10 + 334 \times 100 + 4.2 \times 100 \times T$$
$$= 4.2 \times 400 \times (50 - T) \qquad \therefore T \fallingdotseq 23$$

II 問2

加熱後のA，Bの物質量を n_A，n_B とすると，

$$(\text{圧力}) = \frac{n_A R \cdot 2T_0}{V} = \frac{n_B R T_0}{3V}$$

$n_A + n_B = n_0$ より，$n_A = \dfrac{1}{7}n_0$，$n_B = \dfrac{6}{7}n_0$

内部エネルギーの増加量を ΔU_A，ΔU_B とすると，

$$\Delta U_A = \frac{3}{2}n_A R \cdot 2T_0 - \frac{3}{2} \cdot \frac{1}{4}n_0 R T_0 = \frac{3}{56}n_0 R T_0$$

$$\Delta U_B = \frac{3}{2}n_B R T_0 - \frac{3}{2} \cdot \frac{3}{4}n_0 R T_0 = \frac{9}{56}n_0 R T_0$$

$$\therefore \Delta U_A + \Delta U_B = \frac{3}{14}n_0 R T_0$$

II 問3

状態方程式を利用すると各過程で得た熱量は，

214

$$Q_{AB}=\frac{3}{2}(3p_0V_0-p_0V_0)=3p_0V_0$$

$$Q_{BC}=\frac{10}{3}p_0V_0\quad\because(内部エネルギーの変化量)=0$$

$$Q_{CA}=\frac{5}{2}(p_0V_0-3p_0V_0)=-5p_0V_0$$

$$\therefore(熱効率)=\frac{Q_{AB}+Q_{BC}+Q_{CA}}{Q_{AB}+Q_{BC}}\fallingdotseq0.21$$

Ⅲ 問1

波長 $\lambda=20\,\mathrm{cm}$, 周期 $T=\frac{\lambda}{(速さ)}=\frac{20}{25}=\frac{4}{5}\,\mathrm{s}$,

$$y=-2.0\sin2\pi\left(\frac{t}{T}+\frac{x}{\lambda}\right)=-2.0\sin2\pi\left(\frac{5t}{4}+\frac{x}{20}\right)$$

Ⅲ 問2

変位の向きを x 軸に戻すと矢印 ➡ のようになる。

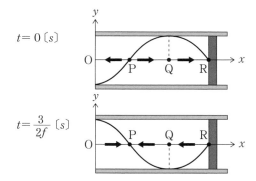

Ⅲ 問3

光路差　前：$S_2P-S_1P=\dfrac{dx}{L}=(m+1)\lambda$　…①

光路差　後：$S_0S_2-(S_0S_2-a+na)+(S_2P-S_1P)$

$$=(1-n)a+\frac{dx}{L}=m\lambda\quad…②$$

式①, ②より, $a=\dfrac{\lambda}{n-1}$

Ⅳ 問1

q_B が点Cにつくる電場は x 成分のみで, $q_A>0$, $q_B<0$ 。$\angle CAO=60°$, クーロンの法則の比例定数を k とすると,

$$k\frac{q_A}{\left(\frac{a}{2}\right)^2+\left(\frac{\sqrt{3}a}{2}\right)^2}\cos60°=k\frac{q_B}{\left(\frac{a}{2}\right)^2}$$

$$\therefore\left|\frac{q_A}{q_B}\right|=8$$

Ⅳ 問2

操作(b)後のコンデンサーの電圧を V とすると,

$$2CV_0=2CV+CV\quad\therefore V=\frac{2}{3}V_0$$

$$(静電エネルギーの和)=\frac{1}{2}(2C+C)V^2=\frac{2}{3}CV_0^2$$

Ⅳ 問3

電圧計, Xに流れる電流を I_1, I_2 とすると,

$$r_VI_1=RI_2\quad\therefore I_2=\frac{r_V}{R}I_1$$

$$R_X=\frac{V}{I}=\frac{V}{I_1+I_2}=\frac{R}{R+r_V}\frac{V}{I_1}=\frac{Rr_V}{R+r_V}$$

Ⅳ 問4

磁場の強さを H, 流れる電流を I, 比例定数を k とすると,

$$I=\frac{E}{r+kN^2},\quad H=\frac{N}{L}\cdot I=\frac{E}{L}\cdot\frac{N}{r+kN^2}$$

上式より, $N=0\to H=0$ 。H は N に比例しない。

Ⅳ 問5

電子の電荷を e, 質量を m, 入射の速さを v, 磁場の強さを B とすると,

$$\frac{1}{2}mv^2=eV\quad\therefore v=\sqrt{\frac{2eV}{m}}$$

$$m\frac{v^2}{r}=evB\quad\therefore r=\frac{mv}{eB}=\frac{1}{B}\sqrt{\frac{2mV}{e}}$$

$$\therefore\frac{r_2}{r_1}=\sqrt{\frac{V_2}{V_1}}$$

Ⅳ 問6

領域1, 2での誘導起電力を V_a, V_b とすると,

$$V_a=\frac{\Delta}{\Delta t}\left(2B\times\pi a^2\cdot\frac{\theta}{2\pi}\right)=2B\cdot\frac{a^2\omega}{2}$$

$$V_b=\frac{\Delta}{\Delta t}\left(B\times\pi a^2\cdot\frac{\theta}{2\pi}\right)=B\cdot\frac{a^2\omega}{2}$$

$$\therefore V_2=V_a+V_b=\frac{3}{2}Ba^2\omega$$

Ⅴ 問1

約 t 年前とすると,

$$4.6=15.3\times\left(\frac{1}{2}\right)^{\frac{t}{5730}}\quad\therefore0.3=\left(\frac{1}{2}\right)^{\frac{t}{5730}}$$

グラフの式より, $y=0.3$, $x=1.73$

$$\frac{t}{5730}=1.73\quad\therefore t\fallingdotseq1.0\times10^4$$

問	I						II		
	問1	問2	問3	問4	問5	問6	問1	問2	問3
解答番号	**1**★	**2**	**3**★	**4**	**5**	**6**	**7**	**8**	**9**★
正解	③	②	①	⑥	③	③	⑤	④	②

問	III			IV						V
	問1	問2	問3	問1	問2	問3	問4	問5	問6	問1
解答番号	**10**	**11**★	**12**	**13**★	**14**	**15**	**16**★	**17**	**18**	**19**
正解	②	⑥	④	②	⑤	⑥	⑦	④	①	④

解説

I 問1

初速度，重力加速度の y 成分は $v_0\sin60°$，
$-g\sin30°$ より，P の y 座標を y_P とすると，

$$0^2-(v_0\sin60°)^2=2y_P\cdot(-g\sin30°) \quad \therefore y_P=\frac{3v_0{}^2}{4g}$$

$$\therefore (\text{P の高さ})=y_P\sin30°=\frac{3v_0{}^2}{8g}$$

I 問2

垂直抗力を N，摩擦力を f とすると，
鉛直方向：$N=mg-F\sin45°$ …①
水平方向：$f=F\cos45°$ …②
物体が傾く瞬間の F を F_0 とすると，

$$mg\times\frac{1}{2}a=F_0\times\sqrt{a^2+a^2} \quad \therefore F_0=\frac{mg}{2\sqrt{2}} \quad …③$$

すべらない条件 $\mu N\geqq f$ に式①〜③を代入すると，

$$\mu(mg-F_0\sin45°)\geqq F_0\cos45° \quad \therefore \mu\geqq\frac{1}{3}$$

I 問3

ℓ 移動したときの A，B の速さを v とすると，

$$mg\ell=\frac{1}{2}(m+M)v^2+Mg\ell\sin30°$$

$$\therefore v=\sqrt{\frac{2m-M}{m+M}g\ell}$$

I 問4

(a) $3Mv=-2Mu+Mv_a \quad \therefore v_a=3v+2u$

(b) $3Mv=-Mu+2Mv_b \quad \therefore v_b=\frac{1}{2}(3v+u)$

$$\therefore \frac{v_b}{v_a}=\frac{3v+u}{2(3v+2u)}$$

I 問5

静止したときのばねの縮みを x_0 とすると，

$$kx_0=mg\sin30° \quad \therefore x_0=\frac{mg}{2k}$$

自然長に戻ったとき，A，B の運動エネルギーの和
が0より大きければよい。

$$\frac{1}{2}kx_0{}^2+\frac{1}{2}\cdot2mv_1{}^2$$

$$=2mgx_0\sin30°+(\text{運動エネルギーの和})$$

$$\therefore v_1{}^2>gx_0-\frac{k}{2m}x_0{}^2=\frac{3mg^2}{8k} \quad \therefore v_1>\frac{g}{4}\sqrt{\frac{6m}{k}}$$

I 問6

$$\frac{T_1{}^2}{(2R)^3}=\frac{T_2{}^2}{(4R)^3} \quad \therefore \frac{T_2}{T_1}=2\sqrt{2}$$

II 問1

上昇温度を T 〔℃(K)〕とすると，
$1.0\times10^{-3}\times500\times9.8\times1.0\times100$
$=(0.13\times10^3)\times1.0\times10^{-3}\times500\times T \quad \therefore T\fallingdotseq7.5$

II 問2

図2の気体の圧力を p_1 とすると，

$$p_0S+mg=p_1S \quad \therefore p_1=\frac{p_0S+mg}{S}$$

$$p_0V_0{}^{\frac{5}{3}}=p_1V_1{}^{\frac{5}{3}}$$

$$\therefore V_1=\left(\frac{p_0}{p_1}\right)^{\frac{3}{5}}V_0=\left(\frac{p_0S}{p_0S+mg}\right)^{\frac{3}{5}}V_0$$

II 問3

状態 B，C の圧力を p_B，p_C とすると，

$$\frac{p_0V_0}{T_0}=\frac{p_B\cdot3V_0}{T_0}=\frac{p_C\cdot3V_0}{3T_0} \quad \therefore p_B=\frac{1}{3}p_0,\ p_C=p_0$$

Ⅲ 問1

反射するときの入射角と反射角は等しい。

$$\overline{\text{OB}}+\overline{\text{BP}}=2\times\sqrt{\left(\frac{5}{2}\lambda\right)^2+(6\lambda)^2}=13\lambda$$

$$\overline{\text{OB}}+\overline{\text{BP}}-\overline{\text{OP}}=\lambda \qquad \therefore 強め合う$$

Ⅲ 問2

Bの振動数をf_{B}とすると，(b)より$f>f_{\text{B}}$なので，(c)で観測者の移動はBに近づく向き。

$$\frac{V+v_0}{V}f_{\text{B}}-\frac{V-v_0}{V}f=0 \qquad \therefore f_{\text{B}}=\frac{V-v_0}{V+v_0}f$$

$$f-f_{\text{B}}=\frac{2v_0}{V+v_0}f=n \qquad \therefore v_0=\frac{n}{2f-n}V$$

Ⅲ 問3

虚像のL_1からの距離をb〔cm〕とすると，

$$\frac{1}{6}+\frac{1}{b}=\frac{1}{18} \qquad \therefore b=-9<0：虚像は L_1 の左側$$

L_2の焦点距離をf〔cm〕とすると，

$$\frac{1}{9+15}+\frac{1}{24}=\frac{1}{f} \qquad \therefore f=12$$

Ⅳ 問1

最大の速さをv，点Bのx座標をx_{B}とすると，

$$\frac{1}{2}mv^2+k\frac{qQ}{d}-k\frac{q\cdot4Q}{2d}=0 \qquad \therefore v=\sqrt{\frac{2kqQ}{md}}$$

$$\frac{1}{2}m\cdot0^2+k\frac{qQ}{x_{\text{B}}}-k\frac{q\cdot4Q}{d+x_{\text{B}}}=0 \qquad \therefore x_{\text{B}}=\frac{d}{3}$$

Ⅳ 問2

極板の長さがℓ，$\ell+\Delta\ell$の場合の電気容量をC_1，C_2とすると，

$$C_1=\varepsilon\frac{a\ell}{d}, \quad C_2=\varepsilon\frac{a(\ell+\Delta\ell)}{d}$$

$$\Delta U=\frac{1}{2}(C_2-C_1)V^2=\frac{\varepsilon aV^2}{2d}\Delta\ell=F\Delta\ell$$

電荷の変化量$\Delta Q=(C_2-C_1)V=\frac{\varepsilon a}{d}\Delta\ell V$

$$W=\Delta Q\cdot V=\frac{\varepsilon aV^2}{d}\Delta\ell=2F\Delta\ell$$

Ⅳ 問3

$t=0\sim\dfrac{T}{2}$での電流の流れはA→C→B→D，

$t=\dfrac{T}{2}\sim T$での電流の流れはD→C→B→Aになる。

ダイオードは電流が流れている間は導線とみなせる。電流は常にC→Bに流れ，Cが高電位になる。

Ⅳ 問4

A, B, Cの電流が点Dにつくる磁場をH_{DA}，H_{DB}，H_{DC}とすると，下左図になり，gの向きになる。A，Bの電流がCにつくる磁場をH_{CA}，H_{CB}，Cがその磁場から受ける力をF_{CA}，F_{CB}とすると，合力は下右図の下向き，つまりjの向きになる。

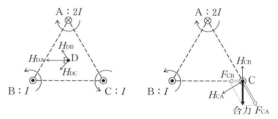

Ⅳ 問5

円運動の半径をr，周期をTとすると，

$$m\frac{v^2}{r}=qvB \qquad \therefore r=\frac{mv}{qB}$$

$$vT=2\pi r \qquad \therefore T=\frac{2\pi m}{qB}$$

$$(通過するまでの時間)=\frac{5}{8}T=\frac{5\pi m}{4qB}$$

Ⅳ 問6

Aに流れる電流Iが変化することで，Bを貫く磁束が変化し誘導起電力Vが生じる。また，Bでの磁束密度は$\dfrac{\mu_0 I}{2a}$である。

$$V=-\frac{\Delta}{\Delta t}\left(\frac{\mu_0 I}{2a}\times\pi b^2\right)=-\frac{\mu_0\pi b^2}{2a}\frac{\Delta I}{\Delta t}$$

$$\therefore (相互インダクタンス)=\frac{\mu_0\pi b^2}{2a}$$

Ⅴ 問1

電荷をe，阻止電圧をV_0，プランク定数をh，振動数をν，仕事関数をWとすると，$eV_0=h\nu-W$より，

$$(1.6\times10^{-19})\times2.2$$
$$=(6.6\times10^{-34})\times(1.6\times10^{15})-W \qquad \therefore W=4.4$$

第 8 回

正解 ★「物理」で過去に何度も出題されている事項

問	I						II		
	問1	問2	問3	問4	問5	問6	問1	問2	問3
解答番号	**1**	**2**	**3**	**4 ★**	**5**	**6**	**7 ★**	**8**	**9 ★**
正解	③	③	⑥	②	⑥	③	②	②	⑤

問	III			IV						V
	問1	問2	問3	問1	問2	問3	問4	問5	問6	問1
解答番号	**10**	**11 ★**	**12 ★**	**13**	**14**	**15**	**16 ★**	**17**	**18**	**19**
正解	⑥	⑤	⑤	⑤	②	⑨	⑤	①	④	②

解説

I 問1

$$mg = kv_1 \qquad v_1 = \frac{mg}{k}$$

減速しているので，加速度は鉛直上向き。

I 問2

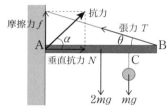

$$N - T\cos\theta = 0$$
$$f + T\sin\theta - (2m+m)g = 0$$
$$2mg \cdot 2\ell + mg \cdot 3\ell - T\sin\theta \cdot 4\ell = 0$$
$$\therefore T = \frac{7mg}{4\sin\theta}, \ f = \frac{5mg}{4}, \ N = \frac{7mg}{4\tan\theta}$$
$$\tan\alpha = \frac{f}{N} = \frac{5}{7}\tan\theta$$

I 問3

斜面の移動距離を L，上り，下りの加速度を a_1，a_2，すべりおりる所要時間を t とすると，

上り：$ma_1 = -mg\sin\theta - \mu mg\cos\theta$
$$\therefore a_1 = -(\sin\theta + \mu\cos\theta)g$$
$$0^2 - v_0{}^2 = 2a_1 L$$
$$\therefore L = \frac{v_0{}^2}{2(\sin\theta + \mu\cos\theta)g}$$

下り：$ma_2 = -mg\sin\theta + \mu mg\cos\theta$
$$\therefore a_2 = -(\sin\theta - \mu\cos\theta)g$$

$$\frac{1}{2}|a_2|t^2 = L \qquad \therefore t = \frac{v_0}{g\sqrt{\sin^2\theta - \mu^2\cos^2\theta}}$$

I 問4

$$南北：3m \cdot \frac{4}{3}v_0\sin 60° = 5mv\sin\theta$$
$$東西：8mv_0 = 3m \cdot \frac{4}{3}v_0\cos 60° + 5mv\cos\theta$$
$$\therefore \sin\theta = \frac{2\sqrt{3}v_0}{5v}, \quad \cos\theta = \frac{6v_0}{5v}$$
$$\sin^2\theta + \cos^2\theta = \frac{48v_0{}^2}{25v^2} = 1 \qquad \therefore v = \frac{4\sqrt{3}}{5}v_0$$

I 問5

加速度を a，角振動数を ω とすると，
$$ma = -k(x-a) - k(x+a) = -2kx = -m\omega^2 x$$
$$\therefore \omega = \sqrt{\frac{2k}{m}} \qquad \therefore 周期 \ T = \frac{2\pi}{\omega} = 2\pi\sqrt{\frac{m}{2k}}$$

$x = \dfrac{a}{2}$ までは円を $120°$ 移動したことになり，$\dfrac{1}{3}$ 周期に相当する。求める時刻 t は，

$$t = \frac{1}{3}T = \frac{\pi}{3}\sqrt{\frac{2m}{k}}$$

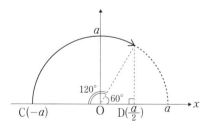

I 問6

重力と慣性力の合力を見かけの重力 mg' とすると，これと張力がつり合う。

$$T_a = 2\pi\sqrt{\frac{L}{g}}$$
$$T_b = 2\pi\sqrt{\frac{L}{g'}} = 2\pi\sqrt{\frac{L\cos\alpha}{g}}$$

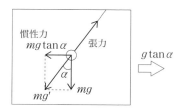

$$T_c = 2\pi\sqrt{\frac{L}{g'}} = 2\pi\sqrt{\frac{L}{g\cos\alpha}}$$

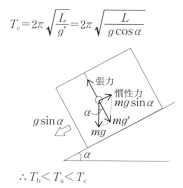

$$\therefore T_b < T_a < T_c$$

II 問1

溶けた氷を x 〔g〕とすると,

$4.2 \times 150 \times 20 = 2.1 \times 50 \times 10 + 3.3 \times 10^2 \times x$

$\therefore x = 35$　$\therefore$（残っている氷）$= 50 - 35 = 15\,\mathrm{g}$

II 問2

次の衝突までの距離は $\ell = 2\,r\cos\theta$ より, 衝突の時間間隔は $t = \dfrac{\ell}{v}$ で, 単位時間の衝突回数は $\dfrac{1}{t}$ である。壁に水平な方向は衝突で力積を受けない。1回の衝突で受ける力積の大きさは $2mv\cos\theta$ で, 分子 N 個が単位時間あたりに受ける力積の大きさは求める F に等しくなる。

$$F = N \times 2mv\cos\theta \times \frac{1}{t} = \frac{Nmv^2}{r}$$

II 問3

$$\frac{p_A V_A}{T_A} = \frac{p_B V_A}{T_B} = \frac{p_C V_C}{T_C} = \frac{p_C V_D}{T_D}$$

グラフより, $T_A < T_B$, $T_C > T_D$ で, 気体定数を R とすると,

$Q_{AB} = \dfrac{3}{2}nR(T_B - T_A) > 0$,　　$Q_{BC} = 0$

$Q_{CD} = \dfrac{5}{2}nR(T_D - T_C) < 0$,　　$Q_{DA} = 0$

（熱効率）$= \dfrac{Q_{AB} + Q_{CD}}{Q_{AB}} = 1 - \dfrac{5(T_C - T_D)}{3(T_B - T_A)}$

III 問1

① 波を5cm右に平行移動させる。

② x軸で折り返す。

③ y軸で折り返す。

④ ①の波と③の波を合成する。

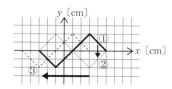

III 問2

音速を v, 正の整数を n とすると,

$$v = 435 \times \frac{4}{2n-1} \times 60 = 725 \times \frac{4}{2(n+1)-1} \times 60$$

$\therefore n = 2$

波長 $\lambda = \dfrac{4}{2 \times 2 - 1} \times 60 = 80\,\mathrm{cm} = 0.80\,\mathrm{m}$

$v = 435 \times 0.80 = 348\,\mathrm{m/s}$

III 問3

$n\sin\theta = 1 \cdot \sin 90°$

$\Rightarrow n \cdot \dfrac{R}{\sqrt{R^2 + h^2}} = 1$

$\therefore R = \dfrac{h}{\sqrt{n^2 - 1}}$

IV 問1

極板内の移動時間, 加速度を t, a とすると,

$v\cos\theta \cdot t = L$,　$ma = qE$

$\therefore t = \dfrac{L}{v\cos\theta}$,　$a = \dfrac{qE}{m}$

$-v\sin\theta = v\sin\theta - at$

$\therefore v = \sqrt{\dfrac{qEL}{2m\sin\theta\cos\theta}} = \sqrt{\dfrac{qEL}{m\sin 2\theta}}$

IV 問2

図1, 3の電気容量を C_1, C_3, 静電エネルギーを U_1, U_3, 図3の電圧を V' とすると,

$C_1 = \varepsilon_0\dfrac{S}{d}$,　$\dfrac{1}{C_3} = \dfrac{1}{3\varepsilon_0\dfrac{S}{d}} + \dfrac{1}{\varepsilon_0\dfrac{S}{d}}$

$\therefore C_3 = \dfrac{3}{4}\varepsilon_0\dfrac{S}{d} = \dfrac{3}{4}C_1$

$$U_1 = \frac{1}{2}C_1 V^2 = \frac{1}{2}\cdot\varepsilon_0\frac{S}{d}V^2 = W$$

$$C_1 V = C_3 V' = \frac{3}{4}C_1 V' \quad \therefore V' = \frac{4}{3}V$$

$$U_3 = \frac{1}{2}C_3 V'^2 = \frac{1}{2}\cdot\frac{3}{4}C_1\cdot\left(\frac{4}{3}V\right)^2 = \frac{2}{3}C_1 V^2 = \frac{4}{3}U_1$$

$$(外力がした仕事) = U_3 - U_1 = \frac{1}{3}W$$

IV 問3

$R_1\sim R_3$ の抵抗値を $R_1\sim R_3$ 〔Ω〕とすると,

$$\frac{10}{20} = \frac{20}{R_1} \quad \therefore R_1 = 40\,\Omega, \quad R_2 = 2R_3 = 30\,\Omega$$

下図のように合成抵抗を考えると,

$$\frac{1}{r_1} = \frac{1}{10+20} + \frac{1}{20+40} \quad \therefore r_1 = 20\,\Omega$$

$$\frac{1}{r_2} = \frac{1}{15} + \frac{1}{30} \quad \therefore r_2 = 10\,\Omega$$

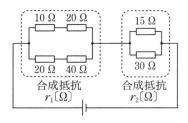

$$(回路全体の抵抗) = 20 + 10 = 30\,\Omega$$

IV 問4

円形コイルがつくる磁場が紙面の表から裏の向きなので,導線Lがつくる磁場は裏から表の向きとなり,a→bの向きに大きさ I' の電流が流れる。

$$\frac{I}{2\times 2r} = \frac{I'}{2\pi(r+2r)} \quad \therefore I' = \frac{3\pi}{2}I$$

IV 問5

コイルには $t=0$ からは磁石によるコイルを貫く磁束が増えないように,$t=\frac{a}{V}$ からは貫く磁束が減らないように $+y$ 向きの力がはたらく。棒磁石の速さは一定なので力の大きさも一定である。

IV 問6

$R = 50\,\Omega$, $L = 20\times 10^{-3}\,H$, $C = 4.0\times 10^{-6}\,F$, $\omega = 2.5\times 10^3\,rad/s$ とすると,

$$(インピーダンス) = \sqrt{R^2 + \left(\omega L - \frac{1}{\omega C}\right)^2}$$
$$= 50\sqrt{2} \fallingdotseq 70\,\Omega$$

V 問1

光速 $c = 3.0\times 10^8\,m/s$,プランク定数 $h = 6.6\times 10^{-34}\,J\cdot s$,波長を λ 〔m〕,$n' = 4$,$n = 2$ とすると,

$$(放出エネルギー) = -13.6\left(\frac{1}{n'} - \frac{1}{n}\right) = h\frac{c}{\lambda}$$
$$= -13.6\times\left(\frac{1}{4^2} - \frac{1}{2^2}\right) = 2.55\,eV$$

$$\lambda = \frac{(6.6\times 10^{-34})\times(3.0\times 10^8)}{2.55\times(1.6\times 10^{-19})} \fallingdotseq 485\,nm$$

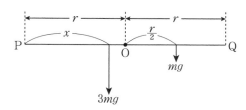

第 9 回

正解 ★「物理」で過去に何度も出題されている事項

問	I						II		
	問1	問2	問3	問4	問5	問6	問1	問2	問3
解答番号	**1**	**2**	**3**	**4 ★**	**5 ★**	**6 ★**	**7**	**8 ★**	**9**
正解	④	②	③	④	③	②	②	④	③

問	III			IV						V
	問1	問2	問3	問1	問2	問3	問4	問5	問6	問1
解答番号	**10 ★**	**11**	**12 ★**	**13**	**14 ★**	**15**	**16**	**17**	**18**	**19**
正解	④	③	④	④	①	③	③	②	③	④

解説

I 問1

人が台を押す力 N_1 は，$N_1 = Mg - T$
求める垂直抗力の大きさ N は，

$$N = mg - T + N_1 = (m+M)g - 2T$$

I 問2

$$N + T = 2mg + mg = 3mg$$

角棒の重心は棒の中央にあるので，点 P まわりの力のモーメントのつり合いの式は，

$$2mg \times L\cos\alpha + mg \times \frac{3}{2}L\cos\alpha = T \times 2L\cos\alpha$$

$$\therefore T = \frac{7}{4}mg, \quad N = \frac{5}{4}mg \qquad \therefore \frac{N}{T} = \frac{5}{7}$$

I 問3

最高点，最下点での速さを v_a，v_b とすると，

$$m\frac{v_a^2}{R} = mg + T_a \quad \cdots①$$

$$m\frac{v_b^2}{R} = T_b - mg \quad \cdots②$$

$$\frac{1}{2}mv_b^2 = mg \cdot 2R + \frac{1}{2}mv_a^2 \quad \cdots③$$

式①〜③より，$m = \dfrac{T_b - T_a}{6g}$

I 問4

衝突直前の A の速度を v，衝突直後の A，B の速度を v_A，v_B とすると，

$$mv = mv_A + mv_B \quad \cdots①$$

$$\frac{1}{2} = -\frac{v_A - v_B}{v} \quad \cdots②$$

式①，②より，$v_A = -\dfrac{1}{5}v$，$v_B = \dfrac{3}{10}v$

$$\frac{1}{2}mv_A^2 + \frac{1}{2} \cdot 4mv_B^2 = \frac{1}{5}mv^2$$

$$\therefore \frac{1}{5}mv^2 : \frac{1}{2}mv^2 = 2 : 5 \qquad \therefore \frac{2}{5}倍$$

I 問5

求める距離を x，円板 B の質量を m とすると，くり抜かれた円板 A の質量は $3m$。B を元に戻すと次の図の点 O でつり合う。

$$3m \times (r-x) = m \times \frac{1}{2}r \qquad \therefore x = \frac{5}{6}r$$

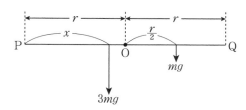

I 問6

遠日点 Q の速さを v_Q，人工衛星の質量を m とすると，

$$\frac{1}{2}vR = \frac{1}{2}v_Q \times 4R \qquad \therefore v_Q = \frac{1}{4}v$$

$$\frac{1}{2}mv^2 - G\frac{mM}{R} = \frac{1}{2}mv_Q^2 - G\frac{mM}{4R} \quad \therefore v = 2\sqrt{\frac{2GM}{5R}}$$

II 問1

物体の比熱を c 〔J/(g・K)〕とすると，

$$c \times 500 \times (50-20) = 4.5 \times 10^3 \qquad \therefore c = 0.3$$

$$0.3 \times 200 \times (60-50) = 6.0 \times 10^2 \text{〔J〕}$$

II 問2

容器A，Bの物質量を n_A，n_B，気体定数を R とすると，圧力と体積が等しいので，

$$n_A R(273+27)=n_B R(273+127) \quad \cdots①$$

$$n_A+n_B=n \quad \cdots②$$

式①，②より，$n_A=\dfrac{4}{7}n$，$n_B=\dfrac{3}{4}n$

II 問3

ボイル・シャルルの法則より $p-V$ グラフは次のようになる。気体が外部にした正味の仕事はグラフの斜線部分の面積なので，

$$(2V_0-V_0)\times\left(P_0-\dfrac{1}{3}P_0\right)=\dfrac{2P_0V_0}{3}$$

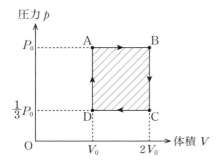

III 問1

a〜bは $+x$ の変位，b〜cは $-x$ の変位なのでbが密。a，cの媒質の速さは0。波を少し進ませると，媒質が下に移動するdが負の向き。

III 問2

$$\dfrac{V}{V+v}f=544 \quad \cdots①, \quad \dfrac{V}{V-v}f=612 \quad \cdots②$$

式①，②より，$\dfrac{v}{V}=\dfrac{1}{17}$

III 問3

$$n\sin\phi_0=1\cdot\sin90° \qquad \therefore \sin\phi_0=\dfrac{1}{n}$$

$$\sin\theta_0=n\sin(90°-\phi_0)=n\cos\phi_0$$
$$=n\sqrt{1-\sin^2\phi_0}=\sqrt{n^2-1}$$

IV 問1

仕事は点電荷の位置エネルギーの変化量。

$$\therefore (仕事)=-e\left(\dfrac{kQ}{4x_0}-\dfrac{kQ}{x_0}\right)=\dfrac{3kQe}{4x_0}$$

IV 問2

誘電率を ε，極板面積を S，極板間隔を広げたときの電圧を V' とすると，スイッチを開いた後，電荷は不変なので，

$$(電荷)=\varepsilon\dfrac{S}{d}V=\varepsilon\dfrac{S}{\frac{3}{2}d}V' \qquad \therefore V'=\dfrac{3}{2}V$$

$$\therefore (電場の強さ)=\dfrac{\frac{3}{2}V}{\frac{3}{2}d}=\dfrac{V}{d}$$

IV 問3

抵抗値を R とすると，

$$Q=\dfrac{V^2}{R}=\dfrac{V_0^2}{R}(\sin2\pi ft)^2=\dfrac{V_0^2}{2R}(1-\cos4\pi ft)$$

IV 問4

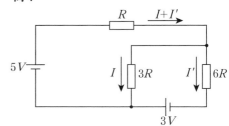

$$3V=-3RI+6RI' \quad \cdots①$$

$$5V=R(I+I')+3RI \quad \cdots②$$

式①，②より，$I=\dfrac{V}{R}$

IV 問5

環状の銅板には磁石による磁束の変化を妨げる向きに磁場が発生する。図1は銅板の右側にN極が発生し，磁石と反発する。図2は銅板の右側にN極が発生し，磁石と引き合う。

IV 問6

Pから飛び出したときの速さを v とすると，

$$m\dfrac{v^2}{R}=qvB \quad \cdots①, \quad N\cdot qV=\dfrac{1}{2}mv^2 \quad \cdots②$$

式①，②より，$N=\dfrac{qB^2R^2}{2mV}$

V 問1

時間とともになだらかな曲線を描き減少していく。半減期1日より，2日目は 0.25×10^{10} 個，3日目は 0.125×10^{10} 個になる。

正解 ★「物理」で過去に何度も出題されている事項

問	I						II		
	問 1	問 2	問 3	問 4	問 5	問 6	問 1	問 2	問 3
解答番号	**1**	**2**★	**3**	**4**★	**5**	**6**	**7**	**8**★	**9**★
正解	②	⑥	③	②	④	④	④	⑦	①

問	III			IV						V
	問 1	問 2	問 3	問 1	問 2	問 3	問 4	問 5	問 6	問 1
解答番号	**10**	**11**	**12**★	**13**★	**14**	**15**★	**16**	**17**	**18**	**19**
正解	③	⑦	③	④	⑤	③	⑤	④	③	⑥

解説

I 問 1

$$J \to N \cdot m \to kg \cdot m/s^2 \cdot m \to kg \cdot m^2/s^2$$
$$\therefore [M^\alpha \ L^\beta \ T^\gamma] = [M^1 \ L^2 \ T^{-2}]$$

I 問 2

端Aまわり：$mg \times \dfrac{3}{2} L \sin\alpha = F \times 3L \cos\alpha$

$$\therefore \tan\alpha = \dfrac{2F}{mg}$$

I 問 3

A：$mg \sin\theta_0 + N = 0.80 mg \cos\theta_0$
B：$2mg \sin\theta_0 - N = 0.35 \times 2mg \cos\theta_0$
辺々を足して，$\tan\theta_0 = 0.50$

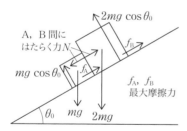

A，B間に
はたらく力 N
$mg \cos\theta_0$
$2mg \cos\theta_0$
f_A
f_B
f_A, f_B
最大摩擦力
θ_0 mg $2mg$

I 問 4

衝突するまでの時間を t，戻ってくるまでの時間を t' とすると，

$$v \cos\theta \cdot t = ev \cos\theta \cdot t' = L$$
$$\therefore t = \dfrac{L}{v \cos\theta}, \quad t' = \dfrac{L}{ev \cos\theta} = \dfrac{t}{e}$$
$$v \sin\theta \cdot t - \dfrac{1}{2} gt^2 = \dfrac{1}{2} gt'^2 = \dfrac{1}{2} g\left(\dfrac{t}{e}\right)^2$$
$$\to v \sin\theta = \dfrac{1}{2} g\left(1 + \dfrac{1}{e^2}\right) \cdot \dfrac{L}{v \cos\theta}$$

$$\therefore L = \dfrac{e^2}{1+e^2} \cdot \dfrac{2v^2 \sin\theta \cos\theta}{g}$$
$$= \dfrac{e^2}{1+e^2} \cdot \dfrac{v^2 \sin 2\theta}{g}$$

I 問 5

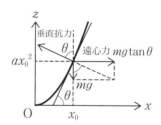

z
垂直抗力
θ
遠心力 $mg \tan\theta$
ax_0^2
mg
θ
x_0
x
O

$$m\dfrac{v_0{}^2}{x_0} = mg \tan\theta = mg \times 2ax_0$$
$$\therefore v_0 = x_0\sqrt{2ag}$$

I 問 6

点A，点Bでの速さを v_A，v_B とすると，

$$\dfrac{1}{2} mv_A{}^2 - G\dfrac{Mm}{2R} = \dfrac{1}{2} mv_B{}^2 - G\dfrac{Mm}{6R}$$

万有引力がした仕事は人工衛星の運動エネルギーの変化量なので，

$$\dfrac{1}{2} mv_A{}^2 - \dfrac{1}{2} mv_B{}^2 = -G\dfrac{Mm}{6R} - \left(-G\dfrac{Mm}{2R}\right) = \dfrac{GMm}{3R}$$

II 問 1

気体がした仕事 W
$\quad = 1.00 \times 8.31 \times (273 + 100) \fallingdotseq 3.10 \times 10^3 J$
気体が得た熱量 Q
$\quad = (2.26 \times 10^3) \times 18.0 = 40.68 \times 10^3 J$
(内部エネルギーの増加量) $= Q - W$
$\quad\quad\quad\quad\quad\quad\quad = 3.76 \times 10^4 J$

Ⅱ 問2

Neガス, Arガスの質量をm_{Ne}, m_{Ar}とすると, 状態方程式を用いて,

$$\frac{1}{2} m_{Ne} \overline{v_{Ne}^2} = \frac{3}{2} k \cdot \frac{2pV}{nR}$$

$$\frac{1}{2} m_{Ar} \overline{v_{Ar}^2} = \frac{3}{2} k \cdot \frac{pV}{2nR}$$

$$\frac{m_{Ne}}{m_{Ar}} = \frac{20}{40} = \frac{1}{2}$$

$$\therefore \frac{\overline{v_{Ne}^2}}{\overline{v_{Ar}^2}} = 8 \qquad \therefore \frac{\sqrt{\overline{v_{Ne}^2}}}{\sqrt{\overline{v_{Ar}^2}}} = 2\sqrt{2}$$

Ⅱ 問3

断熱容器内での真空への気体の拡散なので温度は変化しない。また, 気体は真空に対して仕事をしない。求める圧力をpとすると,

$$\frac{p_0 V_0}{T_0} = \frac{p\left(V_0 + \dfrac{V_0}{2}\right)}{T_0} \qquad \therefore p = \frac{2}{3} p_0$$

Ⅲ 問1

領域A, Bでの速さをV_A, V_B, 領域Aの水深をhとすると,

$$V_A \propto \sqrt{h}, \quad V_B \propto \sqrt{\frac{4}{9} h} = \frac{2}{3} V_A$$

$$\sin\theta_A = \frac{\sqrt{(3d)^2 - (2d)^2}}{3d} = \frac{\sqrt{5}}{3}$$

$$\therefore \sin\theta_B = \frac{2}{3} \sin\theta_A = \frac{2\sqrt{5}}{9}$$

Ⅲ 問2

弦1, 2, 3の速さをv_1, v_2, v_3, 弦1, 3の長さを$4L$, (e)で基本振動数をfとすると,

$$v_1 = v_2 = f \times (2 \times 3L), \quad v_3 = f \times (2 \times 4L)$$

$$\therefore v_1 : v_3 = 3 : 4$$

$$v = \sqrt{\frac{S}{\rho}} \text{ より, } \rho = \frac{S}{v^2}$$

$$\rho_1 : \rho_3 = \frac{S}{v_1^2} : \frac{2S}{v_3^2} = \frac{1}{3^2} : \frac{2}{4^2} = \frac{1}{9} : \frac{1}{8} \quad \therefore \frac{\rho_3}{\rho_1} = \frac{9}{8}$$

Ⅲ 問3

移動を始めてから12回目の「明」までの光路差は$2x$。

$$2x = 12\lambda \qquad \therefore x = 6\lambda$$

Ⅳ 問1

点Aにはたらく力がx成分をもたないので点Bの電荷はqになる。点Aの電荷をQとすると, 点Bにはたらく力のx成分は0より,

$$k\frac{qq}{(2a)^2} + k\frac{qQ}{(2a)^2} \cos 60° = 0 \qquad \therefore Q = -2q$$

点Cで点A, Bから受ける力の大きさは,

$$k\frac{2q^2}{(2a)^2}, \quad k\frac{q^2}{(2a)^2} \text{ なので, 合力の大きさ}F\text{は,}$$

$$F = k\frac{q^2}{(2a)^2} \tan 60° = \frac{\sqrt{3}kq^2}{4a^2}$$

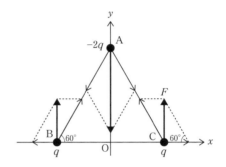

Ⅳ 問2

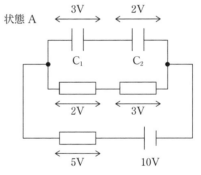

2.0μF, 3.0μFのコンデンサーをC_1, C_2とすると, 状態AでC_1の右側の極板, C_2の左側の極板は, 電池とは切り離されているので, この部分の電荷の和は0となる。

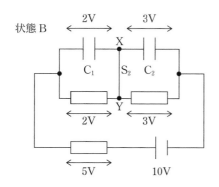

状態B

である。

$$\omega L = \frac{1}{\omega C} \qquad \therefore \omega = \frac{1}{\sqrt{LC}} = 125 〔\text{rad/s}〕$$

この場合，Cの容量リアクタンスはLの容量リアクタンスに等しい。

$$\therefore 125 \times 8.0 = 1000 \,\Omega$$

状態Bでは図の点Xと点Yが等電位となり，C_1，C_2にかかる電圧は2V，3Vになり蓄えられる電荷は，

　　C_1 の右側：$-2.0 \mu \times 2 = -4.0 \mu\text{C}$

　　C_2 の左側：$3.0 \mu \times 3 = 9.0 \mu\text{C}$

　　$\therefore -4.0 + 9.0 = 5.0 \mu\text{C}$

Ⅴ　問1

(a) 電子の運動エネルギーの最大値が大きくなり，阻止電圧も大きくなる。

(b) 電子の運動エネルギーの最大値が小さくなり，阻止電圧も小さくなる。

(c) 光電子の数が増加し，電流も増加する。

Ⅳ　問3

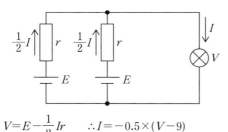

$$V = E - \frac{1}{2} Ir \qquad \therefore I = -0.5 \times (V - 9)$$

$(V, I) = (0, 4.5), (9, 0)$ を通る直線を図1に書き込み，特性曲線との交点を読み取る。

Ⅳ　問4

　フレミングの左手の法則より反時計回り。辺AB，CDが受ける電磁力fは$f = IB\ell$。この2力の作用線間の距離は$2r \sin\theta$なので，偶力のモーメントは，

　　$f \times 2r \sin\theta = 2IB\ell r \sin\theta$

Ⅳ　問5

　コイルBの誘導起電力をV_Bとするとグラフより，

$$V_B = -0.50 \times \frac{(0 - 0.60)}{(6.0 - 3.5) \times 10^{-3}} = -120\,\text{V}$$

　(誘導電流)$= -120 \div 80 = -1.5\,\text{A}$

Ⅳ　問6

　$L = 8.0$，$C = 8.0 \times 10^{-6}$，角周波数をωとすると，電流の実効値が最大になるのは共振が起こるとき

EJU留考辅导

全年循环开课, 随时入班试听

行知学园EJU留考辅导**三大优势**:

1. 经验丰富的全职讲师团队, 年年亲自参加留考, 随时把握考试动向
2. 自主开发的留考教材及题库, 每年更新, 更贴近真实留考
3. 科学完善的课程体系, 为各阶段的学生提供有针对性的课程

恭喜 2022年6月EJU留考
行知学园获
文科状元

行知学园 杨同学
761分
*不包含记述成绩

2019 年 11 月	EJU文科状元		侯同学
2019 年 06 月	EJU理科状元		杨同学
2019 年 06 月	EJU文科状元		范同学
2018 年 11 月	EJU文科状元		郭同学
2016 年 11 月	EJU理科状元		洪同学
2016 年 11 月	EJU文科状元		江同学
2016 年 06 月	EJU理科状元		洪同学
2015 年 06 月	EJU文科状元		庄同学
2014 年 11 月	EJU文科状元		王同学

恭喜 2022年11月EJU留考
行知学园获
文科状元

行知学园 杨同学
756分
*不包含记述成绩

扫码咨询

行知学园
COACH ACADEMY

付録

物理公式集

I　力学

- 等加速度直線運動の速度

$$v = v_0 + at$$

- 等加速度運動の変位

$$x = v_0 t + \frac{1}{2} at^2$$

- 等加速度運動の速度と変位の関係式

$$v^2 - v_0^2 = 2ax$$

- 速度の合成と分解

$$v_x = v \cos\theta, \quad v_y = v \sin\theta$$

$$v = \sqrt{v_x^2 + v_y^2}$$

- 平面運動における相対速度

$$v_{AB} = v_B - v_A$$

- フックの法則

$$F = kx$$

- 水圧

$$p = p_0 + \rho hg$$

- 浮力

$$F = \rho V g$$

- 最大摩擦力

$$F_0 = \mu N$$

- 動摩擦力

$$F' = \mu' N$$

- 力のモーメント

$$M = F\ell = FL \sin\theta$$

- 2物体の重心の位置

$$x_G = \frac{m_1 x_1 + m_2 x_2}{m_1 + m_2}$$

- 仕事

$$W = Fx \cos\theta$$

- 仕事率

$$P = \frac{W}{t} = Fv$$

- 運動エネルギーの変化と仕事の関係

$$\frac{1}{2} mv^2 - \frac{1}{2} mv_0^2 = W$$

- 重力による位置エネルギー

$$U = mgh$$

- 弾性力による位置エネルギー

$$U = \frac{1}{2} kx^2$$

- 力学的エネルギー保存則

$$\frac{1}{2} mv_A^2 + U_A = \frac{1}{2} mv_B^2 + U_B$$

- 運動量の変化と力積

$$mv' - mv = F\Delta t$$

- 運動量保存則

$$m_1 v_1 + m_2 v_2 = m_1 v_1' + m_2 v_2'$$

- 反発係数

$$e = -\frac{v_1' - v_2'}{v_1 - v_2}$$

- 円運動の速度

$$v = r\omega$$

- 円運動の加速度

$$a = r\omega^2 = \frac{v^2}{r}$$

- 向心力

$$F = mr\omega^2 = m\frac{v^2}{r}$$

- □ 円運動の周期

$$T = \frac{2\pi r}{v} = \frac{2\pi}{\omega}$$

- □ 単振動の変位

$$x = A \sin \omega t$$

- □ 単振動の速度

$$v = A\omega \cos \omega t$$

- □ 単振動の加速度

$$a = -A\omega^2 \sin \omega t = -\omega^2 x$$

- □ 単振り子の周期

$$T = 2\pi \sqrt{\frac{\ell}{g}}$$

- □ ばね振り子の周期

$$T = 2\pi \sqrt{\frac{m}{k}}$$

- □ ケプラーの第二法則

$$\frac{1}{2} r^2 \omega = 一定$$

- □ ケプラーの第三法則

$$\frac{T^2}{a^3} = 一定 \quad a：半長軸$$

- □ 万有引力の法則

$$F = G\frac{m_1 m_2}{r^2}$$

- □ 万有引力による力学的エネルギーの保存

$$\frac{1}{2} mv^2 + \left(-G\frac{Mm}{r} \right) = 一定$$

II 熱

- □ ΔT だけ変化させるための熱量

$$Q = C\Delta T = mc\Delta T$$

- □ ボイル・シャルルの法則

$$\frac{pV}{T} = 一定$$

- □ 理想気体の状態方程式

$$pV = nRT$$

- □ 単原子分子理想気体の内部エネルギーの増加

$$\Delta U = \frac{3}{2} nR\Delta T$$

- □ 熱力学第一法則

$$\Delta U = Q + W_{された}$$

- □ 気体が外部にした仕事

$$W' = p\Delta V$$

- □ 単原子分子理想気体の定積モル比熱

$$C_V = \frac{3}{2} R$$

- □ 単原子分子理想気体の定圧モル比熱

$$C_p = \frac{5}{2} R$$

- □ 熱効率

$$e = \frac{W_{した}}{Q_{吸}} = \frac{Q_{吸} - Q_{放}}{Q_{吸}}$$

- □ 気体の分子運動と圧力

$$p = \frac{Nm\overline{v^2}}{3V}$$

- □ 気体分子の平均運動エネルギー

$$\frac{1}{2} m\overline{v^2} = \frac{3R}{2N_0} T = \frac{3}{2} kT$$

Ⅲ　波

□　波の基本式

$$y = A \sin \frac{2\pi}{T}\left(t - \frac{x}{v}\right)$$

$$= A \sin 2\pi\left(\frac{t}{T} - \frac{x}{\lambda}\right)$$

□　波の干渉，強め合う点

$$|\ell_1 - \ell_2| = 2m \cdot \frac{\lambda}{2}$$

$$(m = 0, 1, 2, \cdots)$$

□　波の干渉，打ち消し合う点

$$|\ell_1 - \ell_2| = (2m + 1)\frac{\lambda}{2}$$

$$(m = 0, 1, 2, \cdots)$$

□　屈折の法則

$$\frac{\sin i}{\sin r} = \frac{v_1}{v_2} = \frac{\lambda_1}{\lambda_2} = n_{12}$$

□　空気中の音の速さ

$$V = 331.5 + 0.6t$$

□　うなりの回数

$$f = |f_1 - f_2|$$

□　弦を伝わる波の速さ

$$v = \sqrt{\frac{S}{\rho}}$$

□　閉管の振動数

$$L = \left(\frac{1}{4} + \frac{m}{2}\right)\lambda$$

$$(m = 0, 1, 3, 5, \cdots)$$

□　開管の振動数

$$L = m \cdot \frac{\lambda}{2} \quad (m = 1, 2, 3, \cdots)$$

□　ドップラー効果

$$f' = \frac{V - v_O}{V - v_S}f$$

□　全反射の臨界角

$$\sin i_0 = \frac{1}{n}$$

□　写像公式

$$\frac{1}{a} + \frac{1}{b} = \frac{1}{f}$$

$$\begin{pmatrix} b > 0 : 実像 \\ b < 0 : 虚像 \\ f > 0 : 凸レンズ \\ f < 0 : 凹レンズ \end{pmatrix}$$

□　レンズの倍率

$$m = \left|\frac{b}{a}\right|$$

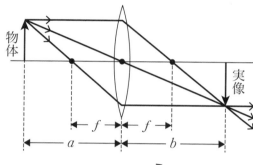

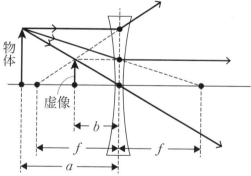

□　ヤングの実験，隣り合う明線の間隔

$$\Delta x = \frac{\ell}{d}\lambda$$

□　回折格子　強め合う条件

$$d \sin \theta = m\lambda \quad (m = 0, 1, 2, \cdots)$$

Ⅳ 電気と磁気

□ クーロンの法則

$$F = k\frac{q_1 q_2}{r^2}$$

□ 電場から受ける力

$$F = qE$$

□ 点電荷のまわりの電場

$$E = k\frac{Q}{r^2}$$

□ 静電気力がする仕事

$$W = Vq$$

□ 一様な電場と電位

$$V = Ed, \quad E = \frac{V}{d}$$

□ 点電荷のまわりの電位

$$V = k\frac{Q}{r}$$

□ コンデンサーに蓄えられる電気量

$$Q = CV$$

□ 平行板コンデンサーの電気容量

$$C = \varepsilon\frac{S}{d}$$

□ コンデンサーの合成容量　並列接続

$$C = C_1 + C_2 + \cdots + C_n$$

□ コンデンサーの合成容量　直列接続

$$\frac{1}{C} = \frac{1}{C_1} + \frac{1}{C_2} + \cdots + \frac{1}{C_n}$$

□ コンデンサーに蓄えられるエネルギー

$$U = \frac{1}{2}QV = \frac{1}{2}CV^2 = \frac{Q^2}{2C}$$

□ 抵抗と抵抗率

$$R = \rho\frac{\ell}{S}$$

□ ジュールの法則

$$Q = IVt = RI^2 t = \frac{V^2}{R}t$$

□ 電力

$$P = IV = I^2 R = \frac{V^2}{R}$$

□ 合成抵抗　直列接続

$$R = R_1 + R_2 + \cdots + R_n$$

□ 合成抵抗　並列接続

$$\frac{1}{R} = \frac{1}{R_1} + \frac{1}{R_2} + \cdots + \frac{1}{R_n}$$

□ キルヒホッフの第1法則

　　流れこむ電流の和＝流れ出る電流の和

□ キルヒホッフの第2法則

　　起電力の和＝電圧降下の和

□ 直線電流がつくる磁場

$$H = \frac{I}{2\pi r}$$

□ 円形電流がつくる磁場

$$H = \frac{I}{2r}$$

□ ソレノイドの電流がつくる磁場

$$H = nI$$

□ 磁束

$$\Phi = BS$$

□ 磁場中の導線が受ける力

$$F = \mu IH\ell\sin\theta = IB\ell\sin\theta$$

□ ローレンツ力

$$f = qvB$$

□ ファラデーの電磁誘導の法則

$$V = -N\frac{\Delta\Phi}{\Delta t}$$

□ 磁場を横切る導線に生じる誘導起電力

$$V = vB\ell\sin\theta$$

□ 交流の実効値

$$I_{\mathrm{e}} = \frac{1}{\sqrt{2}} I_0, \quad V_{\mathrm{e}} = \frac{1}{\sqrt{2}} V_0$$

□ 自己誘導

$$V = -L \frac{\Delta I}{\Delta t}$$

□ コイルに蓄えられるエネルギー

$$U = \frac{1}{2} L I^2$$

□ 相互誘導

$$V_2 = -M \frac{\Delta I_1}{\Delta t}$$

□ コイルのリアクタンス

$$X_{\mathrm{L}} = \omega L = 2\pi f L$$

□ コンデンサーのリアクタンス

$$X_{\mathrm{C}} = \frac{1}{\omega C} = \frac{1}{2\pi f C}$$

□ インピーダンス

$$Z = \sqrt{R^2 + \left(\omega L - \frac{1}{\omega C}\right)^2}$$

□ 共振周波数

$$f_0 = \frac{1}{2\pi \sqrt{LC}}$$

V 原子

□ 光子の運動量

$$p = \frac{h\nu}{c} = \frac{h}{\lambda}$$

□ 光子のエネルギー

$$E = h\nu = \frac{hc}{\lambda}$$

□ 光電効果

$$K_0 = h\nu - W$$

□ 仕事関数

$$W = h\nu_0 = \frac{hc}{\lambda_0}$$

□ ド・ブロイ波長

$$\lambda = \frac{h}{p} = \frac{h}{mv}$$

□ 水素原子のスペクトル系列

$$\frac{1}{\lambda} = R\left(\frac{1}{n'^2} - \frac{1}{n^2}\right)$$

$$\binom{n' = 1, 2, 3, \cdots}{n = n' + 1, n' + 2, n' + 3, \cdots}$$

□ 量子条件

$$2\pi r = n \cdot \frac{h}{mv} \quad (n = 1, 2, 3, \cdots)$$

□ 振動数条件

$$E_n - E_{n'} = h\nu$$

□ 水素原子のエネルギー準位

$$E_n = -\frac{Rhc}{n^2} \quad (n = 1, 2, 3, \cdots)$$

□ 半減期

$$\frac{N}{N_0} = \left(\frac{1}{2}\right)^{\frac{t}{T}}$$

□ 質量とエネルギー

$$E = mc^2$$

理科　解答用紙

名　前
Name

【よい例】

解　答　科　目		
物　理 Physics	化　学 Chemistry	生　物 Biology
●	○	○

【悪い例】

解　答　科　目		
物　理 Physics	化　学 Chemistry	生　物 Biology
○	○	○

解　答　科　目		
物　理 Physics	化　学 Chemistry	生　物 Biology
○	○	●

注意事項　Note

1. 必ず鉛筆（HB）で記入してください。
2. この解答用紙を汚したり折ったりしてはいけません。
3. マークは下のよい例のように○わく内を完全にぬりつぶしてください。

よい例	悪い例				
●	⊗	◐	◑	⊙	◗

4. 訂正する場合はプラスチック消しゴムで完全に消し、消しくずを残してはいけません。
5. 所定の欄以外には何も書いてはいけません。
6. この解答用紙はすべて機械で処理しますので、以上の1から5までが守られていないと採点されません。

解答用紙のこの面に解答する科目を、一つ選んで○で囲み、その下のマーク欄をマークしてください。

解　答　科　目		
物　理 Physics	化　学 Chemistry	生　物 Biology
○	○	○

解答番号	解　答　欄 Answer
1	① ② ③ ④ ⑤ ⑥ ⑦ ⑧ ⑨
2	① ② ③ ④ ⑤ ⑥ ⑦ ⑧ ⑨
3	① ② ③ ④ ⑤ ⑥ ⑦ ⑧ ⑨
4	① ② ③ ④ ⑤ ⑥ ⑦ ⑧ ⑨
5	① ② ③ ④ ⑤ ⑥ ⑦ ⑧ ⑨
6	① ② ③ ④ ⑤ ⑥ ⑦ ⑧ ⑨
7	① ② ③ ④ ⑤ ⑥ ⑦ ⑧ ⑨
8	① ② ③ ④ ⑤ ⑥ ⑦ ⑧ ⑨
9	① ② ③ ④ ⑤ ⑥ ⑦ ⑧ ⑨
10	① ② ③ ④ ⑤ ⑥ ⑦ ⑧ ⑨
11	① ② ③ ④ ⑤ ⑥ ⑦ ⑧ ⑨
12	① ② ③ ④ ⑤ ⑥ ⑦ ⑧ ⑨
13	① ② ③ ④ ⑤ ⑥ ⑦ ⑧ ⑨
14	① ② ③ ④ ⑤ ⑥ ⑦ ⑧ ⑨
15	① ② ③ ④ ⑤ ⑥ ⑦ ⑧ ⑨
16	① ② ③ ④ ⑤ ⑥ ⑦ ⑧ ⑨
17	① ② ③ ④ ⑤ ⑥ ⑦ ⑧ ⑨
18	① ② ③ ④ ⑤ ⑥ ⑦ ⑧ ⑨
19	① ② ③ ④ ⑤ ⑥ ⑦ ⑧ ⑨
20	① ② ③ ④ ⑤ ⑥ ⑦ ⑧ ⑨

解答番号	解　答　欄 Answer
21	① ② ③ ④ ⑤ ⑥ ⑦ ⑧ ⑨
22	① ② ③ ④ ⑤ ⑥ ⑦ ⑧ ⑨
23	① ② ③ ④ ⑤ ⑥ ⑦ ⑧ ⑨
24	① ② ③ ④ ⑤ ⑥ ⑦ ⑧ ⑨
25	① ② ③ ④ ⑤ ⑥ ⑦ ⑧ ⑨
26	① ② ③ ④ ⑤ ⑥ ⑦ ⑧ ⑨
27	① ② ③ ④ ⑤ ⑥ ⑦ ⑧ ⑨
28	① ② ③ ④ ⑤ ⑥ ⑦ ⑧ ⑨
29	① ② ③ ④ ⑤ ⑥ ⑦ ⑧ ⑨
30	① ② ③ ④ ⑤ ⑥ ⑦ ⑧ ⑨
31	① ② ③ ④ ⑤ ⑥ ⑦ ⑧ ⑨
32	① ② ③ ④ ⑤ ⑥ ⑦ ⑧ ⑨
33	① ② ③ ④ ⑤ ⑥ ⑦ ⑧ ⑨
34	① ② ③ ④ ⑤ ⑥ ⑦ ⑧ ⑨
35	① ② ③ ④ ⑤ ⑥ ⑦ ⑧ ⑨
36	① ② ③ ④ ⑤ ⑥ ⑦ ⑧ ⑨
37	① ② ③ ④ ⑤ ⑥ ⑦ ⑧ ⑨
38	① ② ③ ④ ⑤ ⑥ ⑦ ⑧ ⑨
39	① ② ③ ④ ⑤ ⑥ ⑦ ⑧ ⑨
40	① ② ③ ④ ⑤ ⑥ ⑦ ⑧ ⑨

解答番号	解　答　欄 Answer
41	① ② ③ ④ ⑤ ⑥ ⑦ ⑧ ⑨
42	① ② ③ ④ ⑤ ⑥ ⑦ ⑧ ⑨
43	① ② ③ ④ ⑤ ⑥ ⑦ ⑧ ⑨
44	① ② ③ ④ ⑤ ⑥ ⑦ ⑧ ⑨
45	① ② ③ ④ ⑤ ⑥ ⑦ ⑧ ⑨
46	① ② ③ ④ ⑤ ⑥ ⑦ ⑧ ⑨
47	① ② ③ ④ ⑤ ⑥ ⑦ ⑧ ⑨
48	① ② ③ ④ ⑤ ⑥ ⑦ ⑧ ⑨
49	① ② ③ ④ ⑤ ⑥ ⑦ ⑧ ⑨
50	① ② ③ ④ ⑤ ⑥ ⑦ ⑧ ⑨
51	① ② ③ ④ ⑤ ⑥ ⑦ ⑧ ⑨
52	① ② ③ ④ ⑤ ⑥ ⑦ ⑧ ⑨
53	① ② ③ ④ ⑤ ⑥ ⑦ ⑧ ⑨
54	① ② ③ ④ ⑤ ⑥ ⑦ ⑧ ⑨
55	① ② ③ ④ ⑤ ⑥ ⑦ ⑧ ⑨
56	① ② ③ ④ ⑤ ⑥ ⑦ ⑧ ⑨
57	① ② ③ ④ ⑤ ⑥ ⑦ ⑧ ⑨
58	① ② ③ ④ ⑤ ⑥ ⑦ ⑧ ⑨
59	① ② ③ ④ ⑤ ⑥ ⑦ ⑧ ⑨
60	① ② ③ ④ ⑤ ⑥ ⑦ ⑧ ⑨

行知学園教育叢書

日本留学試験(EJU)対策　模擬試験問題集　物理

2023年9月18日　初版第1刷発行

編著者	行知学園株式会社
発行者	楊 舸
発行所	行知学園株式会社
	〒169-0073
	東京都新宿区百人町2-8-15　ダヴィンチ北新宿 5F
	TEL：03-5937-2809　FAX：03-5937-2834
	https://coach-pub.jp/
	https://coach-ac.co.jp/（日本語）
	https://www.koyo-coach.com/（中国語）
カバーデザイン	clip
印刷所	シナノ書籍印刷株式会社